科技创新国际城市对标研究

谭思明　管　泉　主编

中国海洋大学出版社

·青岛·

图书在版编目（CIP）数据

科技创新国际城市对标研究 / 谭思明，管泉主编.
—青岛：中国海洋大学出版社，2015.7
ISBN 978-7-5670-0945-5

Ⅰ.①科… Ⅱ.①谭… ②管… Ⅲ.①城市建设－技术革新－对比研究－世界 Ⅳ.①F299.1

中国版本图书馆CIP数据核字（2015）第191254号

出版发行	中国海洋大学出版社		
社　　址	青岛市香港东路23号	邮政编码	266071
出 版 人	杨立敏		
网　　址	http://www.ouc-press.com		
电子信箱	dengzhike@sohu.com		
订购电话	0532-82032573（传真）		
责任编辑	邓志科	电　　话	0532-85902495
装帧设计	青岛乐道视觉创意设计工作室		
印　　制	青岛圣合印刷有限公司		
版　　次	2015年8月第1版		
印　　次	2015年8月第1次印刷		
成品尺寸	210 mm × 285 mm		
印　　张	4.5		
字　　数	60千		
定　　价	35.00元		

编委会

主　编　谭思明　管　泉

副主编　王淑玲

编　委　王云飞　初志勇　王春玲

前 言

要高起点、前瞻性地规划城市未来的科技发展新思路，必须站在全球大背景下进行谋划，要把城市放到全球城市的坐标系中加以比较分析，审视城市现在所处的发展阶段，看清自身的差距与不足，努力向国际上的先进城市学习，做好寻标、对标、达标、夺标、创标这五篇文章，才能科学地规划城市科技创新未来发展方向和目标。

本书在分析了国内外城市科技创新评价指标体系的理论和方法的基础上，建立了由创新资源、创新投入、创新产业、创新产出和创新绩效5个一级指标和20个二级指标组成的国际城市创新评价指标体系。选择了美国的圣何塞、圣迭戈、奥斯汀，欧洲的慕尼黑、不来梅、赫尔辛基，亚洲的日本大阪、爱知、静冈、滋贺，韩国的蔚山和大田，以及新加坡和中国台湾省的新竹市共14个城市作为青岛科技创新的国际对标城市。搜集了14个对标城市2007至2012年的各项指标数据，将青岛与14个对标城市2007至2012年科技创新综合指数和一级指标进行了横向比较，并对青岛2007至2012年科技创新国际指数进行了纵向比较研究，同时总结介绍了美国硅谷和国际对标城市科技创新的典型经验和案例。

当前，国内许多城市都在创建创新型城市，学习借鉴国际对标城市在科技创新方面的先进经验和做法，找出自身与国际对标城市的差距，对创新型城市和现代化国际城市建设具有十分重要的意义。

目前，国内基于城市或地区层面的国际对比研究，由于国际数据可得性和可比性的限制，大多仅仅是设计了指标评价体系或者只做了定性的分析，还未见到一个评价体系完整、数据完备的国际城市创新指标评价的应用实例。由于本书所建立的城市创新国际评价指标体系中数据全部采用相对指标数据，同样可以适用于其他城市，用于监测城市创新的发展进程，评价城市创新指标与国际先进城市的差距与不足，预测与规划未来城市创新发展的趋势与目标定位，因此，具有较强的参考价值。

本书为城市科技创新的国际比较研究提供了样本，可作为政府部门、高校、研究机构中从事决策咨询研究人员的参考用书。

目　录

一、科技创新国际评价指标体系的建立

（一）国内外城市科技创新评价指标体系简述

目前，国际上与科技创新相关的评价指标体系主要有：世界经济论坛（WEF）发布的《全球竞争力报告》（GCR）、洛桑国际管理发展研究院（IMD）发布的《世界竞争力年鉴》（WCY）、经济合作与发展组织（OECD）的《科学、技术和产业计分表：知识经济基准》、亚太经济合作组织（APEC）的知识经济状态指数、欧盟的《欧洲创新计分牌》（包括《全球创新计分牌》）和英国罗伯特·哈金斯协会的《世界知识竞争力指数》（WKCI）。

国内对科技创新评价体系的研究和实践，主要是一部分学者和机构借鉴上述指标体系并结合我国实际，在国家层面上建立了评价体系并做了一些比较研究。如中国科学技术发展战略研究院发布的《国家创新指数报告2012》。

国内城市之间的创新指标体系对比研究主要有北京科学学研究

中心、北京科技统计信息中心等单位联合研究发布的《中国创新城市评价报告》，该报告主要参考了经济合作与发展组织（OECD）的《OECD科学技术和工业创新计分牌》、欧盟的《欧洲创新计分牌》、国家科技部的《全国科技进步统计监测报告》、国家统计局的《创新型国家进程统计监测研究报告》等，建立了由创新资源、创新投入、创新企业、创新产业、创新产出、创新绩效6个一级指标和30个二级指标组成的创新城市评价指标体系，并开展了对北京、天津、沈阳、大连、长春、哈尔滨、上海、南京、苏州、杭州、宁波、厦门、济南、青岛、武汉、广州、深圳、重庆、成都和西安等20个城市的创新评价。

目前，国内基于城市或地区层面的国际对比研究，由于国际数据可得性和可比性的限制，大多仅仅是设计了指标评价体系或者只做了定性的分析，还没有见到一个评价体系完整、数据完备的国际城市创新指标评价的应用实例。因此，有必要研究建立一套适合青岛市与国际城市之间进行比较的城市创新国际评价指标体系，用于监测青岛城市创新的发展进程，评价青岛城市创新指标与国际先进城市的差距与不足，预测与规划青岛未来城市创新发展的趋势与目标定位。

（二）青岛科技创新国际评价指标体系的建立

1. 创新城市基本特征

本书对国内外与创新国家、创新地区和创新城市评价有关的研究成果进行了深入研究，特别是参考了哈金斯协会的《世界知识竞争力指数》（WKCI）、经济合作与发展组织（OECD）的《OECD科学技术和工业创新计分牌》、欧盟的《欧洲创新计分牌》（包括《全球创新计分牌》）、国家科技部的《全国科技进步统计监测报告》、国家统计局的《创新型国家进程统计监测研究报告》等评价体系，将创新城市基本特征归纳如下：

——充分的创新资源和创新条件。创新以具有较高的经济发展水平为条件，并且还需要具有丰富的、可持续的创新人力资源，以及较高的社会信息化水平。

——理想的创新投入水平。没有创新投入就难以开展创新活动，政府、企业等部门高强度的创新投入是开展创新活动强有力的保证，也必将带来高水平的创新产出。同时，宽松的投融资环境，充足的风险投资等创业资金，将为科技型企业的创新创业提供有力的资金支持。

——较高的产业创新水平。产业创新就是通过创新成果的应用实现产品创新和新技术的产业化；通过发展高新技术产业和高技术服务业使城市的经济发展方式和产业结构得到转型升级；通过推动高新技术产品积极参与国际市场竞争使城市主导产业全球价值链和核心竞争力得以提升。

——达到一定规模的创新产出。创新产出是创新水平的重要体现，专利技术是与技术商品化关系最紧密的创新产出，专利通过知识产权保护与交易，来增强一个国家、城市或企业参与市场竞争的能力。因此，专利数量是国际上公认的用来衡量创新产出的重要指标。

——良好的创新绩效。创新绩效不仅体现在微观企业上，更为重要的是体现在对城市经济发展方式转变的贡献上即劳动生产效率的提高，包括劳动投入效率和能源投入效率的提高。

2. 城市科技创新国际评价体系建立的原则

城市科技创新国际评价指标的选取除了依据创新城市基本特征外，还遵循了以下一些原则：

——公开性。基础数据均为纳入各对标城市所在国家政府统计调查制度的统计指标，便于社会各界进行核实和索引。

——标准化。基础数据均为各对标城市所在国家统计标准计算的统计指标，不采用以某一国家或区域统计标准计算的统计指标，以保证指标口径的一致性。

——连续可得。基础数据通过国家或区域提供的统计报告、统计网站以及统计数据库中可以获得，且数据是连续的，每年可得。

——简洁化。在由基础指标形成二级指标的过程中，尽可能遵守统计规范，即使用规范的指标名称，规范的合成方法，不采用修匀方法平滑，以真实反映指标值的变化和波动。

——联系实际。在评价指标的选取上，尽可能采用欧盟《欧洲创新计分牌》和国家统计局“创新型国家进程监测指标体系”两个指标体系的指标。考虑到中国的国情和特色，设定了一级指标“创新效率”，用于对创新改变经济发展方式、提高经济产出效率进行评价。

根据以上创新城市的5个基本特征，并遵循了以上5项原则，我们建立了由创新资源、创新投入、创新产业、创新产出、创新绩效等5个一级指标和20个二级指标组成的城市科技创新国际评价指标体系，详见表1。

表1　科技创新国际评价指标体系和评价标准

一级指标	二级指标	标准值
创新资源	专业技术人员占从业人员比重（%）	45
	百万人口大专院校在校学生数（万人/百万人）	15
	人均GDP（万美元）	6
	百人国际互联网用户数（户/百人）	50
创新投入	R&D经费支出与GDP比例（%）	6
	政府R&D经费支出与GDP比例（%）	2
	企业R&D经费支出与GDP比例（%）	4
	风险投资额占GDP比例（%）	3
创新产业	高技术产业从业人员占从业人员比例（%）	15
	高技术服务业从业人员占从业人员比例（%）	10
	高技术产业增加值占GDP比例（%）	30
	高技术服务业增加值占GDP比例（%）	15
	高技术产品出口占工业制成品出口的比重（%）	80
创新产出	百万人发明专利授权量（件/百万人）	1500
	百万人PCT国际专利申请量（件/百万人）	1000
	每亿美元GDP发明专利授权量（件/亿美元GDP）	5
创新绩效	高技术产业劳动生产率（万美元/人）	20
	高技术服务业劳动生产率（万美元/人）	30
	劳动生产率（万美元/人）	15
	综合能耗产出率（元/千克标准油）	10

3. 城市科技创新评价国际标准的设定

在我们建立的指标体系中，20个二级指标都设定了一个标准值，标准值的设定大部分选取了各对标城市数值中的最大值，个别参考了欧盟《欧洲创新计分牌》和国家统计局“创新型国家进程监测指标体系”的监测标准。同时，考虑到对标城市的现实水平和发展趋势，适当地调高了各指标的评价标准，使城市创新国际评价标准明显高于创新型国家的评价标准，基本达到发达国家先进城市的最高水平。采用发达国家先进城市较高标准，更有益于城市创新国际评价以及评价标准的长期稳定，也符合目前各对标城市的实际情况。

（三）对标城市的选择

1. 对标城市选择原则

——对标城市应具有一定的国际影响力，在世界上具有较高的知名度，是人才、资源、技术国际流动较为频繁的城市。

——对标城市的科技创新发展程度高、发展速度快。

——对标城市的科技创新发展模式具有一定的典型性和代表性。

——对标城市在科技创新方面具有特色和参考价值。

——对标城市的数据丰富、详细、可得，对该城市研究的成果较多。

——对标城市与青岛的经济发展水平、地理位置、产业结构特征、环境发展与治理，以及城市发展阶段具有相似性和可比性。

——对标城市在世界科技创新实力格局中具有定位作用，对青岛科技创新未来发展具有定标作用。

2. 对标城市的选择

根据以上选择原则，结合哈金斯《2008年世界知识竞争力指数》科技创新实力格局的分析，并考虑到青岛建设全国首个技术创新工程试点城市、国家创新型试点城市和知识产权示范城市，大力发展高新技术高端产业和战略性新兴产业，高水平建设山东半岛蓝色经济区和蓝色硅谷的需要，我们选择了美国的圣何塞、圣迭戈、奥斯汀等3个城市，欧洲的慕尼黑、不来梅、赫尔辛基等3个城市，亚洲的日本大阪、爱知、静冈、滋贺等4个城市和地区，韩国的蔚山和大田等2个城市，以及新加坡和中国台湾省的新竹市等，共14个城市作为青岛科技创新的国际对标城市。

圣何塞作为哈金斯《2008年世界知识竞争力指数》排名第一的城市，对于我们分析世界城市或地区科技创新实力格局具有定位作用，同时作为“硅谷之都”，它是高科技企业最多、各类经济服务组织最全、经济发展总量最大、经济发展势头最强的城市；圣迭戈作为美国Sccrips海洋研究所所在地，其生物研发和技术集聚，以及公共服务平台促进集群发展的模式，为青岛海洋科技发展和公共服务平台建设提供了样板；美国奥斯汀20世纪90年代吸引大型高技术企业分支机构集聚，促进创新型城市跨越式发展，对青岛产业结构调整有很好的借鉴作用；近些年，北欧国家科技创新能力持续上升，其注重创新、低碳和全社会高强度的研发投入值得我们学习借鉴，因此选择了北欧的赫尔辛基；德国慕尼黑的高端制造业处于世界前端；不来梅的港口特色、产业结构和城市文化与青岛有一定的可比性；日本大阪的环境、新能源、生物医学等新兴产业较为发达，爱知、静冈、滋贺这3个地区产业结构合理、生产制造业技术基础较好、新兴产业特色鲜明；韩国蔚山的汽车、造船、石油化工等制造业水平较高；韩国大田被称作“韩国硅谷”，近些年科技引领城市发展成效明显，1998年，以促进全球高科技城市间交流与发展为宗旨的世界科技城市联盟在大田成立；新加坡的信息基础设施世界领先，是“智慧城市”建设的典范；有“台湾硅谷”之称的中国台湾省新竹市，其科学工业园区的发展也是值得我们研究借鉴的。

二、青岛科技创新国际指数评价

以2007年为基期，对青岛2007至2012年的科技创新国际指数进行纵向比较，分析评价青岛创新能力的变化情况。经测算，2007～2012年，青岛市科技创新国际指数整体呈上升趋势。以2007年青岛市科技创新国际指数为100，2008年为99.3，略有所下降，但2009、2010、2011和2012年增长较快，分别比2007年增加了6.5%、10.6%、22.9%、35.5%，2012年比2011年增速有所提高。青岛市科技创新国际指数历年变化见图1。

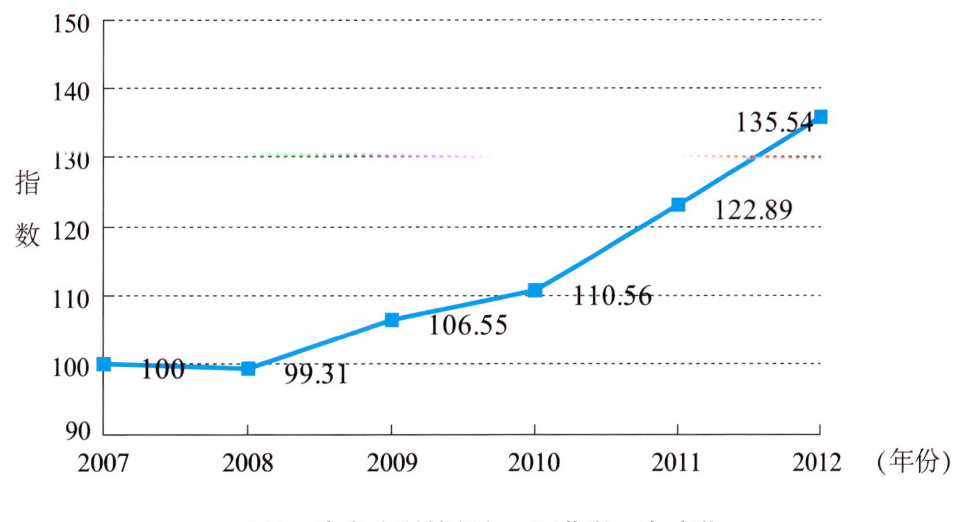

图1　青岛市科技创新国际指数历年变化

从创新资源、创新投入、创新产业、创新产出、创新绩效5个一级指标看，各项指标都呈现出上升的趋势，尤其是创新产出提高幅度较大，显示出青岛创新能力和水平比2011年有明显提高。青岛市科技创新国际指数一级指标历年变化见表2。

表2 青岛市科技创新国际指数一级指标指数①历年变化

年份	创新资源	创新投入	创新产业	创新产出	创新绩效
2007	20.32	22.50	11.63	4.16	20.10
2008	21.68	21.27	11.69	4.17	19.37
2009	23.29	20.49	12.13	4.94	23.02
2010	24.56	20.70	11.89	5.14	24.74
2011	27.27	23.14	11.31	4.92	30.10
2012	27.54	25.42	11.62	8.88	33.23

① 一级指标用指数的形式表现。

（一）创新资源指数

创新资源指数提升较快，2007～2011年该指数年均提高7.6%，2010～2011年提高11.09%，但是2012年的增幅较小，反映了青岛创新活动开展的基础和条件在前几年明显提升之后，增速放缓。其中前4年百人互联网网络用户数指数年均增速13.6%，但是2012年比2011年有所下降；前4年人均GDP指数年均增长12.7%，2012年比2011年增速放缓；百万人口大专院校在校学生数指数6年间增长了5.45%；专业技术人员占就业人员比重指数2007～2010年以年均4.5%的速度逐年下降后，2011年有所回升，2012年比2011年又有所提高，但是仍没有达到2007年的水平，说明专业技术人员仍缺乏，值得关注。青岛市科技创新资源指数历年变化分别见图2和表3。

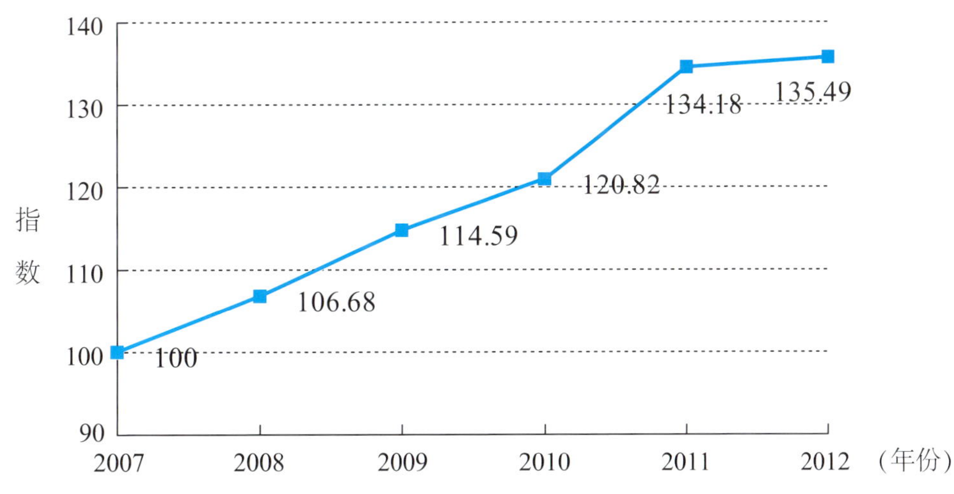

图2　青岛市科技创新资源指数历年变化

表3 青岛市创新资源二级指标指数历年变化

年份	专业技术人员比例	百万人口大专院校在校学生数	人均GDP	百人有线宽带用户数
2007	100	100	100	100
2008	95.15	100.67	110.35	116.28
2009	89.46	101.31	117.14	139.53
2010	87.29	100.99	136.33	147.29
2011	90.32	104.10	161.12	167.44
2012	94.07	105.45	168.68	162.79

（二）科技投入指数

科技投入在经历了2008～2009年两年的下降之后，2010年略有回升，2011年有了大幅度提升，2012年持续了2011年大幅提升的态势。2007～2010年间指数下降了8.02，年均下降2.7%，2011年大幅回升了10.84，2012年又继续回升了10.12。政府R&D经费支出与GDP比例指数在经历了前4年间由下降到回升的过程后，2011年比2010年大幅提高48%，但是2012年比2011年又有较大幅度的回落。R&D经费支出与GDP比例指数前5年间下降了8.3%，但是2012年比2011年提高22.02。企业R&D经费支出与GDP比例指数前5年间下降了0.4%，2012年比2011年提高13.11。由于2011年政府对创新活动支持强度的提高，导致全社会创新投入水平提高，2012年虽然政府的投入有所下降，但是企业的R&D投入有所提高，由于GDP增速放缓，因此整个社会的R&D投入强度有较大提高，但是青岛的创新投入相对于全市经济总量仍然有较大提升空间。青岛市科技创新投入指数历年变化分别见图3和表4。

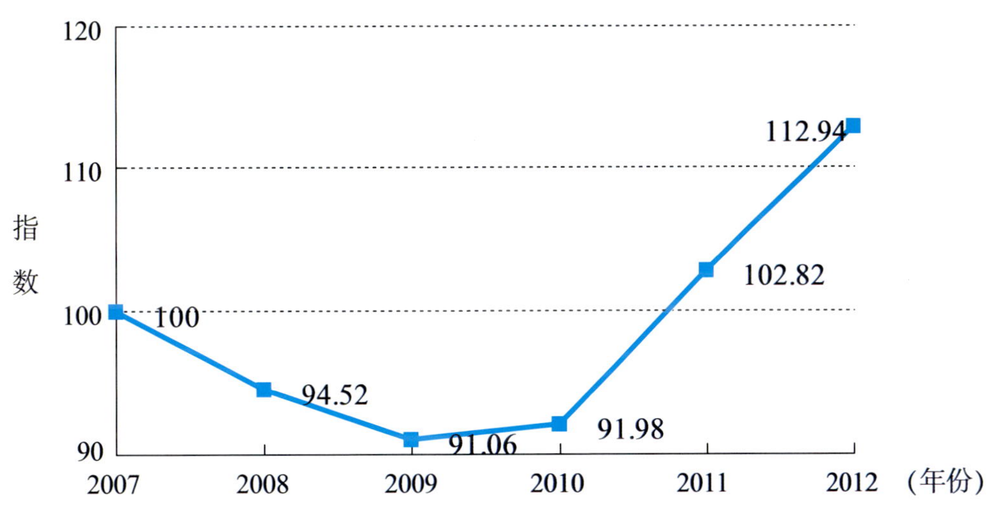

图3　青岛市科技创新投入指数历年变化

表4　青岛市科技创新投入二级指标指数历年变化

年份	R&D经费支出与GDP比例	政府R&D经费支出与GDP比例	企业R&D经费支出与GDP比例	风险投资额与GDP比例
2007	100	100	100	100
2008	93.57	93.40	95.15	100
2009	90.36	107.69	87.27	100
2010	91.27	107.69	88.48	100
2011	91.73	162.63	99.61	100
2012	113.75	115.38	112.72	100

（三）创新产业指数

2007～2011年，创新产业指数前两年窄幅提高，后两年呈逐年下降趋势，2012年扭转了下降的趋势，开始有所回升。其中高技术服务业增加值占GDP比例指数前5年间提高了21.4%，2012年出现了大幅增长，指数提高了50.24；高技术产品出口占商品出口的比重指数前4年间提高了12.6%，2011年比2010年下滑10.7%，2012年继续大幅缩水，指数下降23.13。从事高技术服务业人员占从业人员比重指数2008年比2007年增加了4.8%，但2009年比2008年减少了8.7%，2011年比2009年又有所回升，增长率达5.1%，2012年又有较大幅度的提高，提高了近12%。从事高技术产业人员占从业人员比重指数2008年比2007增加3.2%，2008年至2011年3年间减少21%，2012年继续下滑；高技术产业增加值占GDP比例指数在2008、2009年比2007年增加3.25之后，2011年比2009年下降17.4%，2012年继续下降，反映了青岛高技术服务业终于有了较大发展，但高技术产业发展持续放缓，因此，青岛产业结构的优化程度有待提高。青岛市科技创新产业指数历年变化见分别图4和表5。

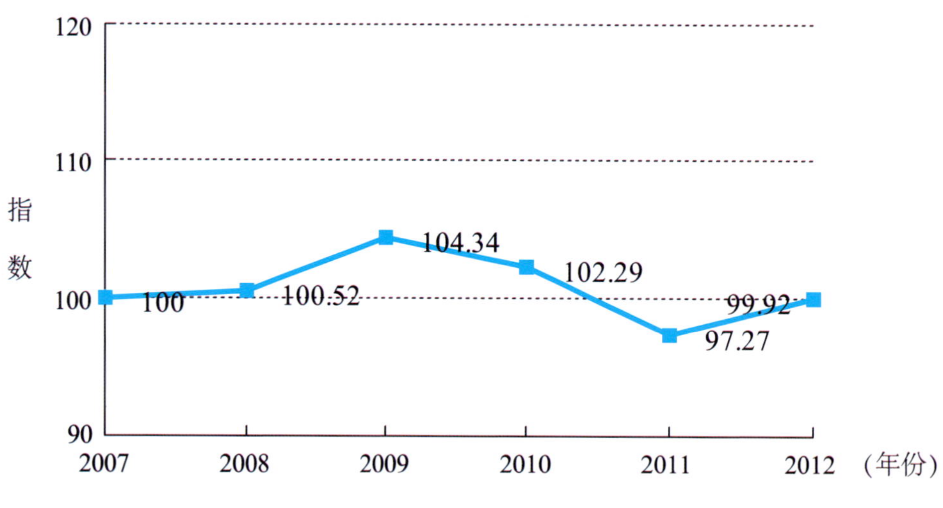

图4 青岛市科技创新产业指数历年变化

表5　青岛市科技创新产业二级指标指数历年变化

年份	高技术产业占从业人员比例	高技术服务业占从业人员比例	高技术产业增加值占GDP比例	高技术服务业增加值占GDP比例	高技术产品出口占商品出口比重
2007	100	100	100	100	100
2008	103.16	104.85	103.25	102.19	92.70
2009	99.85	95.71	103.25	127.67	93.39
2010	87.16	100.54	89.56	121.41	112.56
2011	82.19	100.54	85.50	121.41	100.61
2012	73.37	112.25	81.44	171.65	77.48

（四）创新产出指数

创新产出指数2007～2010年增长较快，2011年发展速度放慢，2007～2011年该指数年均增长速度达到4.3%，但是2012年呈爆发式发展，指数增幅达95。其中2012年百万人发明专利授权数是2007年的4.3倍，百万人PCT专利申请数增长2.6倍，每亿美元GDP发明专利授权数增长了0.7倍，反映出青岛科技活动产出水平有较大提高。青岛市科技创新产出指数历年变化见表6。

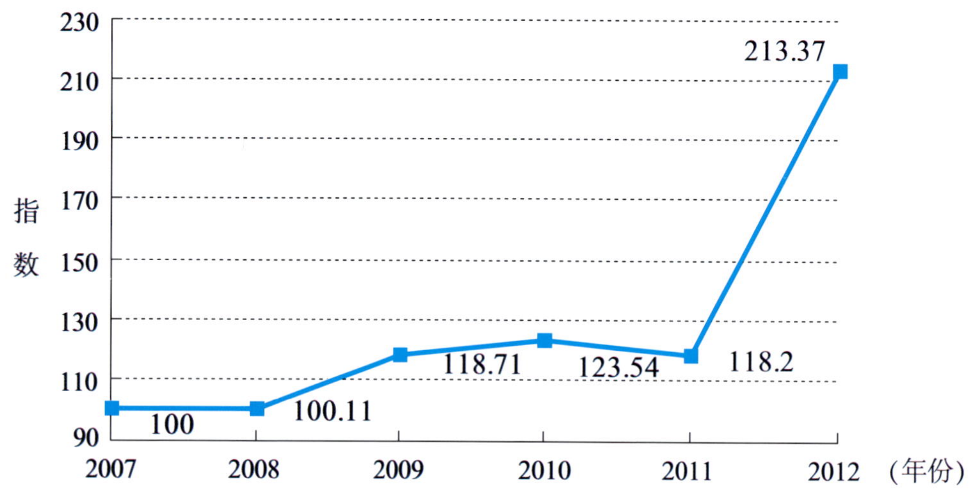

图5　青岛市科技创新产出指数历年变化

表6　青岛市科技创新产出二级指标指数历年变化

年份	百万人发明专利授权量	百万人PCT专利申请量	每亿美元GDP发明专利授权量
2007	100	100	100
2008	132.53	144.82	93.31
2009	162.41	262.71	107.11
2010	220.73	229.98	103.96
2011	215.29	262.71	97.53
2012	428.28	355.45	172.81

（五）创新绩效指数

创新绩效指数增长在5项一级指标中增速最快，2007～2012年5年间该指数增长了65.2。其中高技术产业劳动生产率指数增长56.6%，高技术服务业劳动生产率增长117.6%，增加较快，劳动生产率增加42.1%，综合能耗产出率指数年均提高36.6%，说明科技创新在支撑经济发展方式转变中发挥了很大的作用。青岛市科技创新绩效指数历年变化分别见图6和表7。

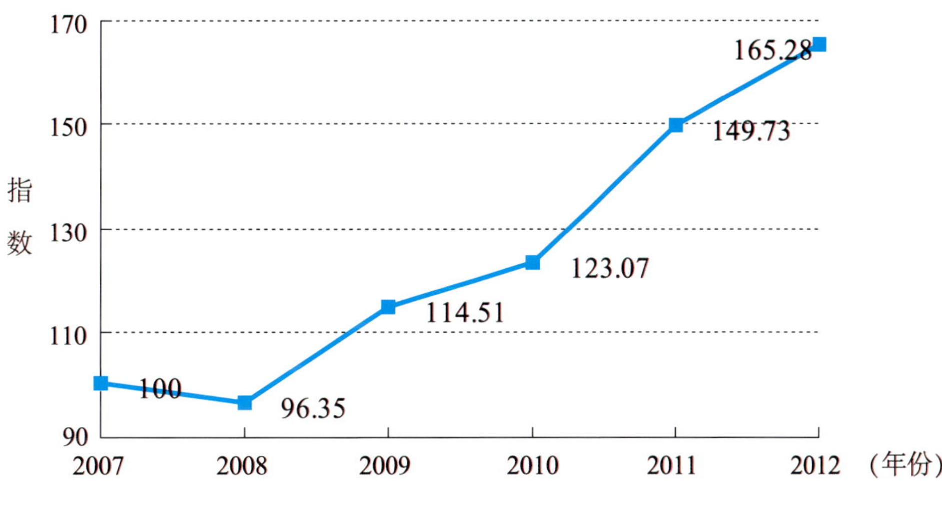

图6　青岛市科技创新绩效指数历年变化

表7 青岛市科技创新绩效二级指标指数历年变化

年份	高技术产业劳动生产率	高技术服务业劳动生产率	劳动生产率	综合能耗产出率
2007	100	100	100	100
2008	105.41	86.09	88.32	101.61
2009	110.07	138.81	104.06	101.43
2010	121.12	142.83	118.27	108.44
2011	146.93	171.62	142.12	135.60
2012	156.59	217.56	142.13	136.64

综上所述，2007～2012年这5年间青岛的科技创新国际指数增幅逐年提高，2007～2012年青岛创新产出有所提高，特别是2012年有大幅提高，R&D投入强度有所提高，高技术服务业快速发展，创新绩效继续大幅提高。但是2012年创新资源没有较大改善，政府R&D经费投入强度有所回落，高技术产业增速下降，高技术产品在国际市场的竞争力有所下降，这些是影响青岛科技创新国际指数快速增长的主要因素。

三、 青岛与对标城市的比较

根据数据可比性原则，我们选取了14个对标城市2007、2010和2011、2012四年的统计指标数据（个别指标缺失的以城市或地区所在的国家或省、州、县的数据代替，部分数据选用了哈金斯《世界知识竞争力指数》中的指标数据）开展青岛与对标城市的比较。

（一）青岛与对标城市科技创新国际指数评价

2012年青岛的城市科技创新国际指数为21.3，与2011年相比指数提高2，列第15位，与其他对标城市相比差距仍然明显，但是相比2011年有所提高，差距在缩小，为排名第一的圣何塞的31.8%（2011年为29%），相差39.7，是排名第10的蔚山的60.1%，相差13.9（2011年是排名第10的爱知的51%，相差18.4），与排名第14的新竹相比，是新竹的70%，相差9.1（2011年与排名第14的静冈相比，只是静冈的58%，相差14）。2007、2010、2011、2012年青岛与对标城市的科技创新国际指数和排名见图7。

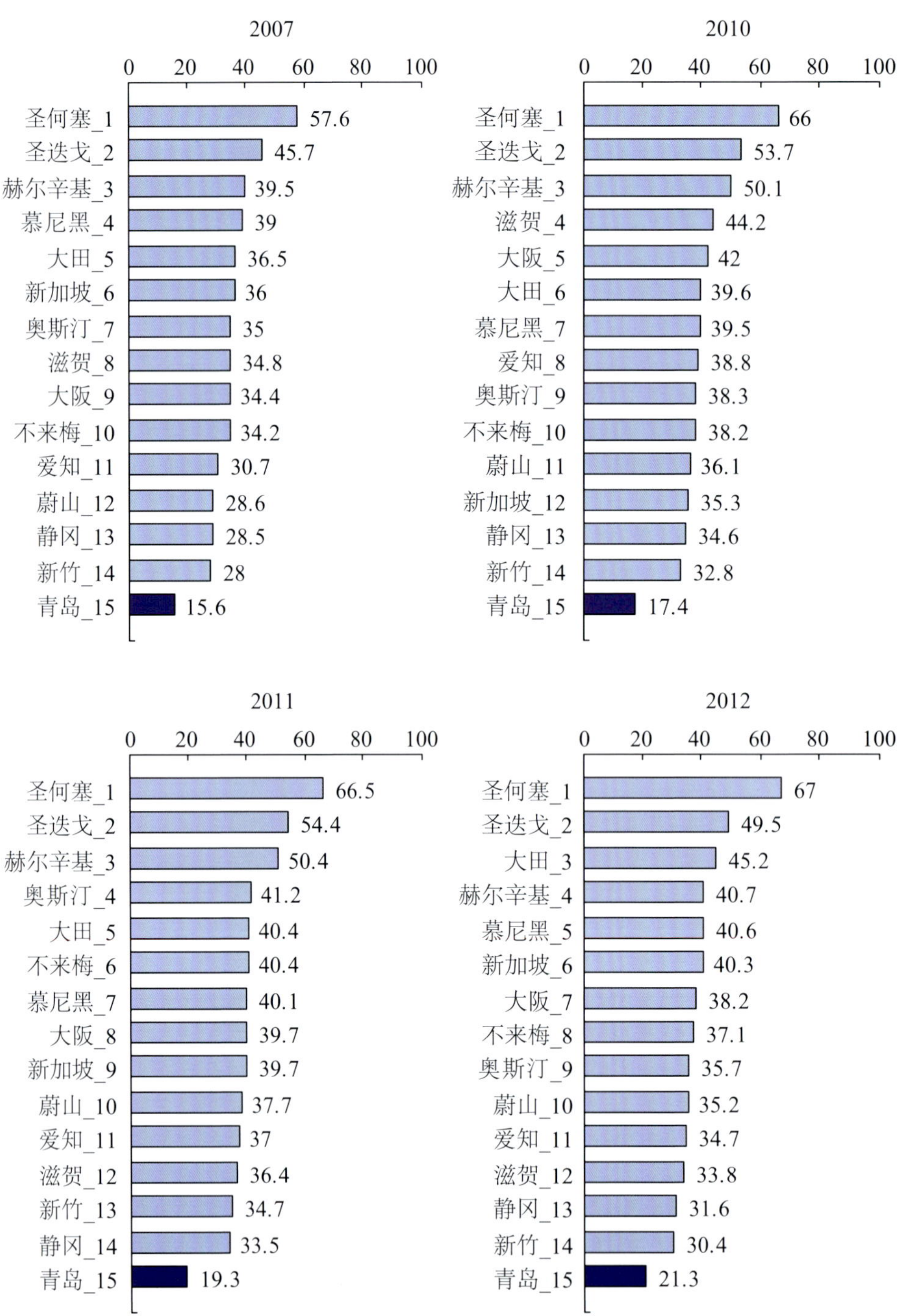

图7 青岛与对标城市的科技创新国际指数和排名（2007，2010，2011，2012）

（二）青岛与对标城市创新资源指标评价

创新资源是一个城市持续开展创新活动的基本保障，反映了全社会创新人才资源的状况以及创新活动开展的基础和条件。2012年，青岛创新资源指数为27.5，与2011年相比指数提高0.2，排名第15位，与前几年相比增速下降，与对标城市的差距变化不大。与排名第1的圣何塞相比，指数相差44.3，是圣何塞的38.3%（2011年与排名第1的圣何塞相比，指数相差42.6，是圣何塞的39.1%）；与排名第7的赫尔辛基指数相差27.4，是赫尔辛基的50.1%（2011年与排名第7的新加坡指数相差23.4，是新加坡的53.8%）；与排名接近的新竹相比，指数相差8.2（2011年与排名接近的滋贺相比，指数相差8.5）。2007、2010、2011、2012年青岛与对标城市的创新资源指数和排名见图8。

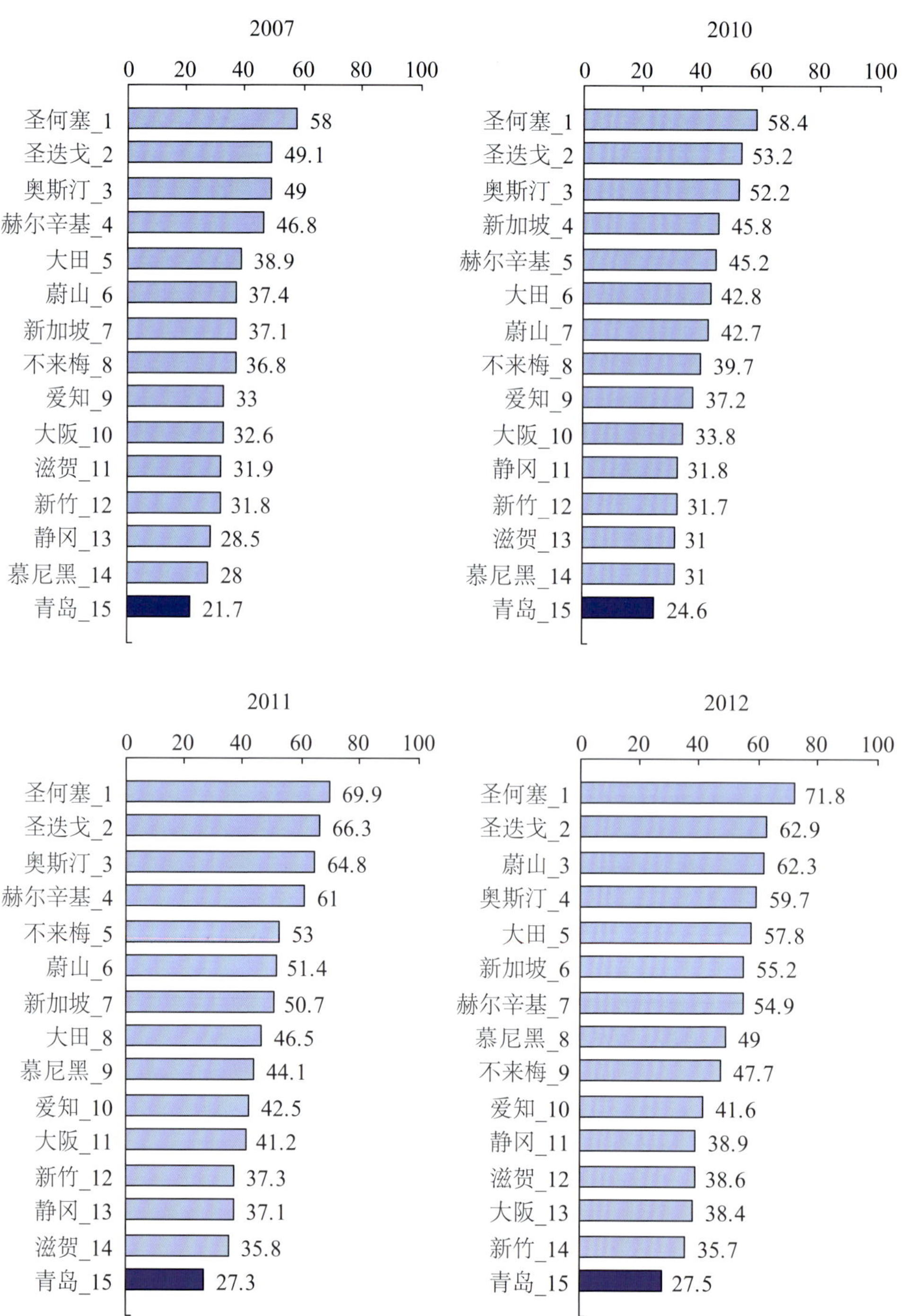

图8 青岛与对标城市的创新资源指数和排名（2007，2010，2011，2012）

（三）青岛与对标城市创新投入指标评价

没有创新投入就难以开展创新活动，创新投入的高低体现了政府、企业、个人等对创新的重视程度和投入水平。2012年青岛的创新投入指数为25.4，与2011年相比指数提高了1.3，排名第13位，排名不变，但差距缩小。与排在第一的圣何塞相比，差距较大，相差50.6，是圣何塞的33.4%；指数与排名第6的大阪相差8.7，是滋贺的74.5%；该指数与排在青岛前面的新加坡只差3.8，高于奥斯汀和蔚山9.3。2007、2010、2011、2012年青岛与对标城市的创新投入指数和排名见图9。

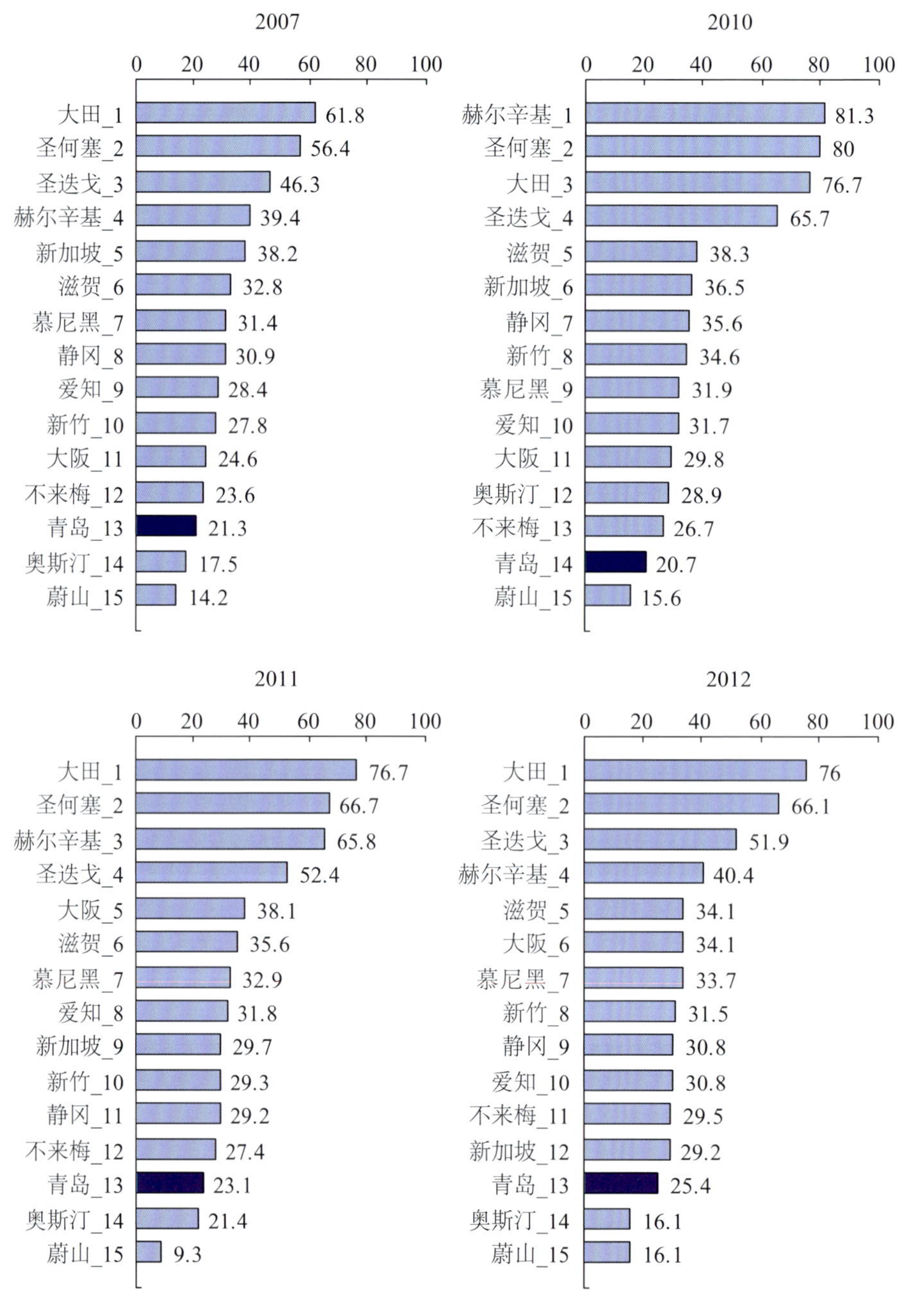

图9 青岛与对标城市的创新投入指数[①]和排名（2007，2010，2011，2012）

① 一级指标用指数的形式表现。

（四）青岛与对标城市创新产业指标评价

产业创新是测度一个城市或地区产业结构转型升级的指标。2012年青岛市的创新产业指数为11.6，比2011年提高0.3，排名第15位。与排在第一的圣何塞相比，指数差距较大，相差41.4，是圣何塞的21.9%；指数与排名第7的圣迭戈相差20.0，是圣迭戈的36.7%；指数与排名在青岛之前的爱知相比，相差14，只是爱知的45.3%。说明青岛的高端产业的发展规模与对标城市相比差距仍然悬殊。2007、2010、2011、2012年青岛与对标城市的创新产业指数和排名见图10。

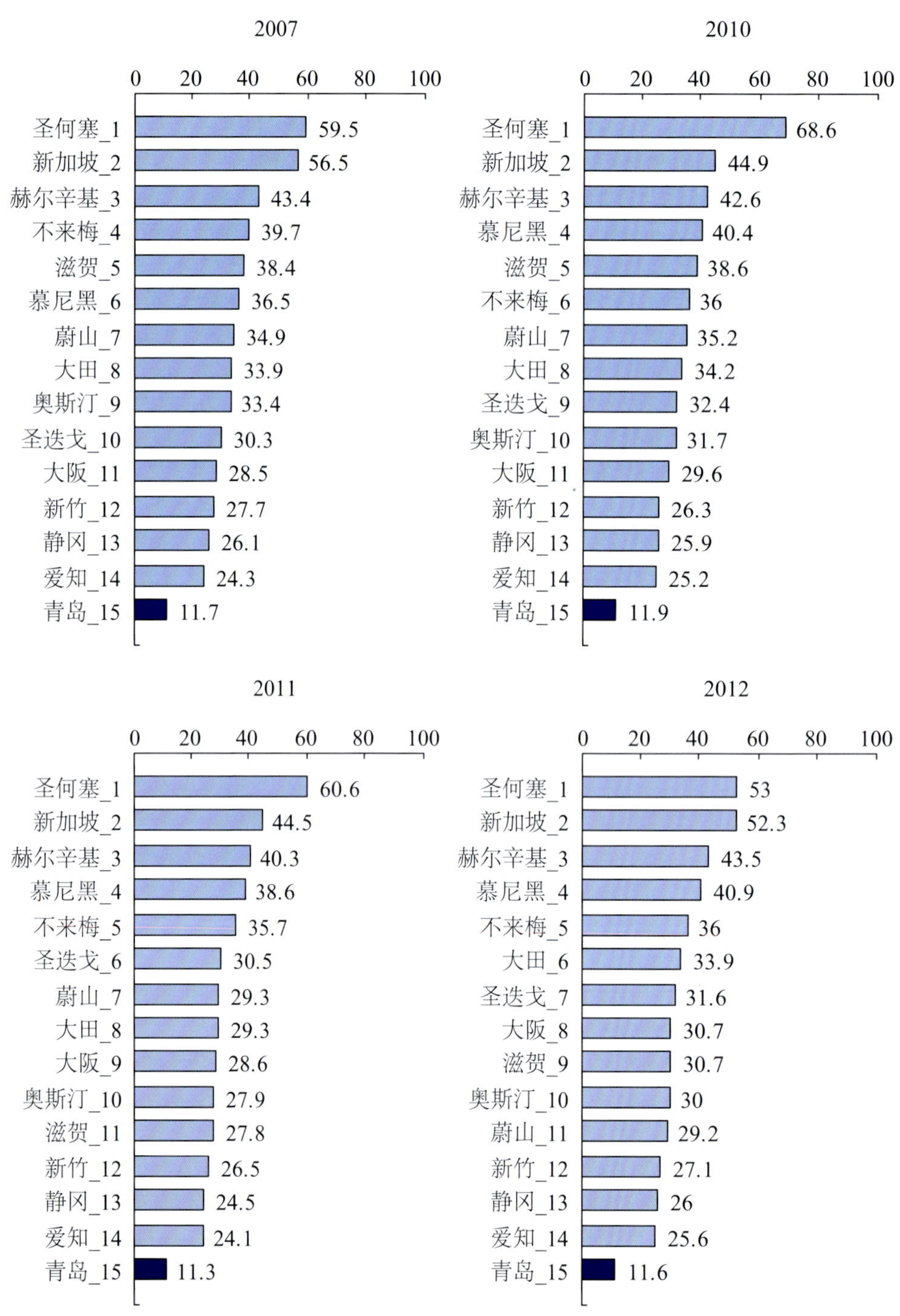

图10 青岛与对标城市的创新产业指数和排名（2007，2010，2011，2012）

（五）青岛与对标城市创新产出指标评价

创新产出是创新水平的重要体现，专利数量是反映一个城市或地区科技活动产出水平的重要指标。2011年，青岛的创新产出指数为8.9，比2011年提高了4，排名由第15位提高到13位。指数与排在第1的圣迭戈相差37.2，是圣迭戈的19.3%；与排在第6位的赫尔辛基相差15.1，是赫尔辛基的37.1%；指数与排位接近的静冈相差0.3，比蔚山高0.2，比不来梅高2.1。青岛创新产出2012年有较大提升，与对标城市差距缩小。2007、2010、2011年青岛与对标城市的创新产出指数和排名见图11。

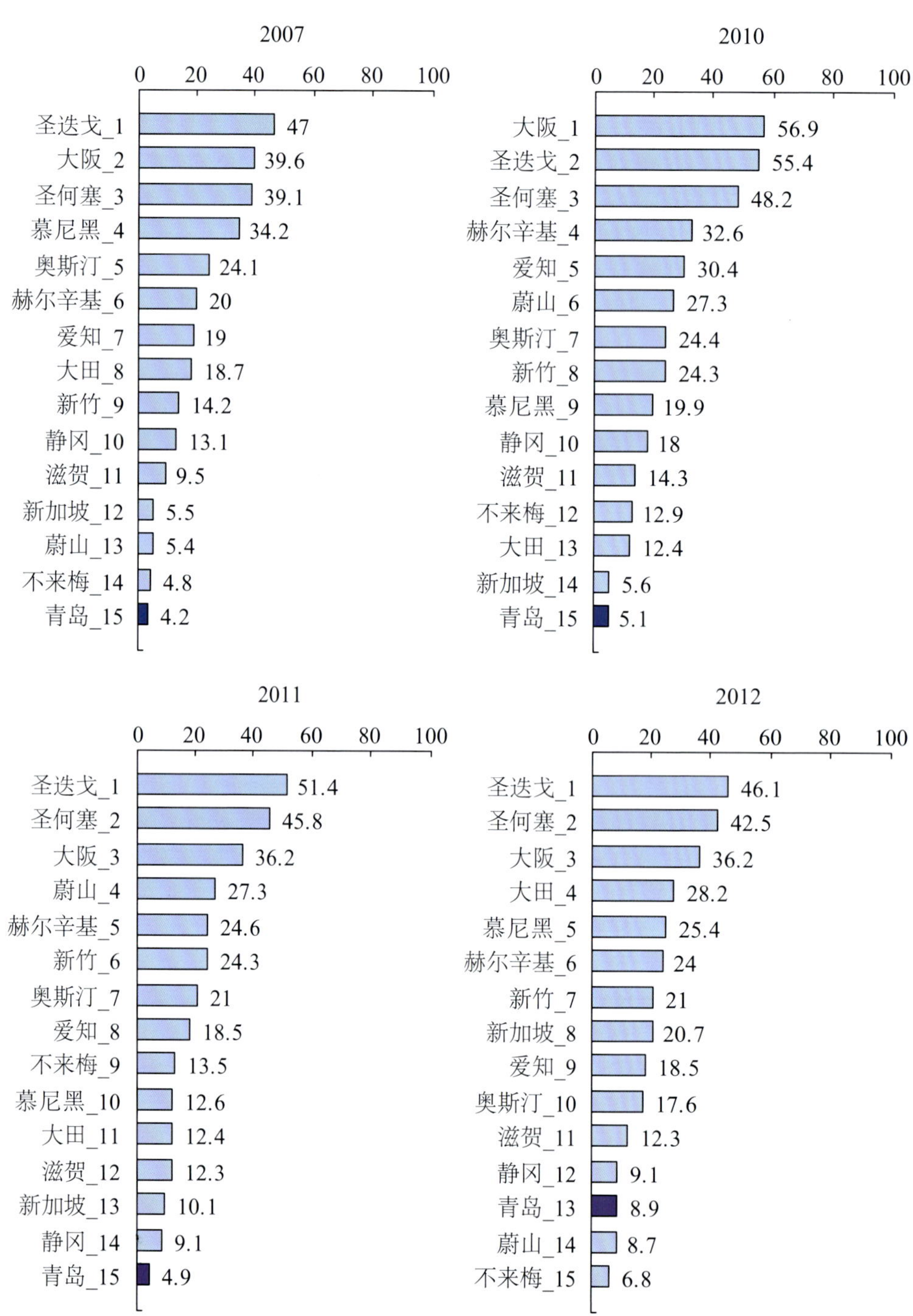

图11 青岛与对标城市的创新产出指数和排名（2007，2010，2011，2012）

（六）青岛与对标城市创新绩效指标评价

创新的作用体现在对集约型经济发展方式的促进、而集约型经济增长方式具体体现为人、财、物的节约和使用效率的提高。2012年青岛的创新绩效指数为33.2，比2011年提高了3.1，位次由第15位提高到14位。指数与排在第1的圣何塞相比，差距较大，相差68.3，是排在第7的慕尼黑的61.5%，指数与排在第13的新竹相差3.7，比大田高3.1。这项指标与其他对标城市仍有一定差距，但差距在缩小。2007、2010、2011、2012年青岛与对标城市的创新绩效指数和排名见图12。

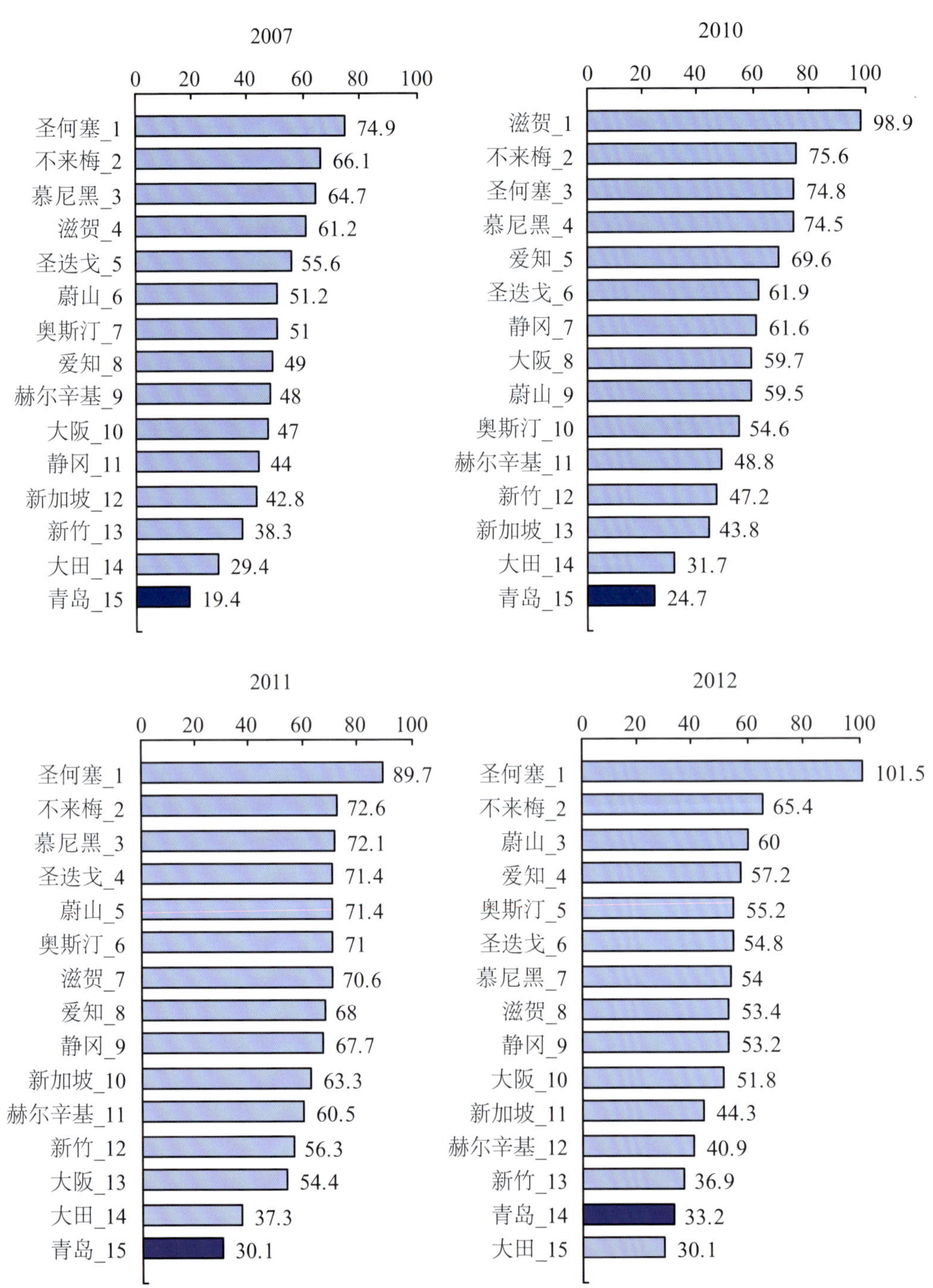

图12 青岛与对标城市的创新绩效指数和排名（2007，2010，2011，2012）

四、青岛科技创新与国际标准的差距及展望

（一）青岛科技创新能力与国际标准的差距

我们将青岛科技创新国际体系中所有指数的标准值设定为100，从图13中可以看出，2012年青岛的5项一级指标中，创新资源指数为27.3，与其他对标城市相比没有太大的落差，与对标城市的差距没有太大变化；创新投入指数为25.4，表现较弱，国际上的经验表明，经济发达国家发展的初期和新兴工业化国家都先行增加政府的R&D投入，并制定相应的政策推动企业R&D投入和加强风险投资等投融资的力度。2012年政府R&D投入虽有较大回落，但全社会投入强度有所提高，与对标城市的差距有所缩小；创新产业指数为11.6，表现较弱，反映出青岛创新产业的发展还有很大的发展空间；创新产出指数由4.9提高到8.9，是5项一级指标中提高最大的一项，反映出青岛科技活动产出水平与国际标准水平相比差距在缩小，追赶的步伐已经加快；创新绩效指数为33.2，由于创新绩效受到创新资源、创新投入

以及创新产业的影响，使得创新绩效指数的表现不强，但差距在缩小。

从图13中我们可以看出，在20个二级指标中青岛的百人国际互联网用户数、R&D经费支出与GDP比例、企业R&D经费支出与GDP比例、高技术产业劳动生产率、高技术服务业劳动生产率等5项指标比较占优势，差距在70%到50%之间，说明这几方面青岛与国际标准的差距相对较小。而在风险投资、高技术服务业从业人员比例和关于创新产出的3项专利指标等5方面表现得比较薄弱，差距大于90%，与国际标准差距较大，说明这几方面基础比较薄弱，应加快发展的步伐。其他10项指标差距均在90%至70%之间，这些方面也应该加快发展。

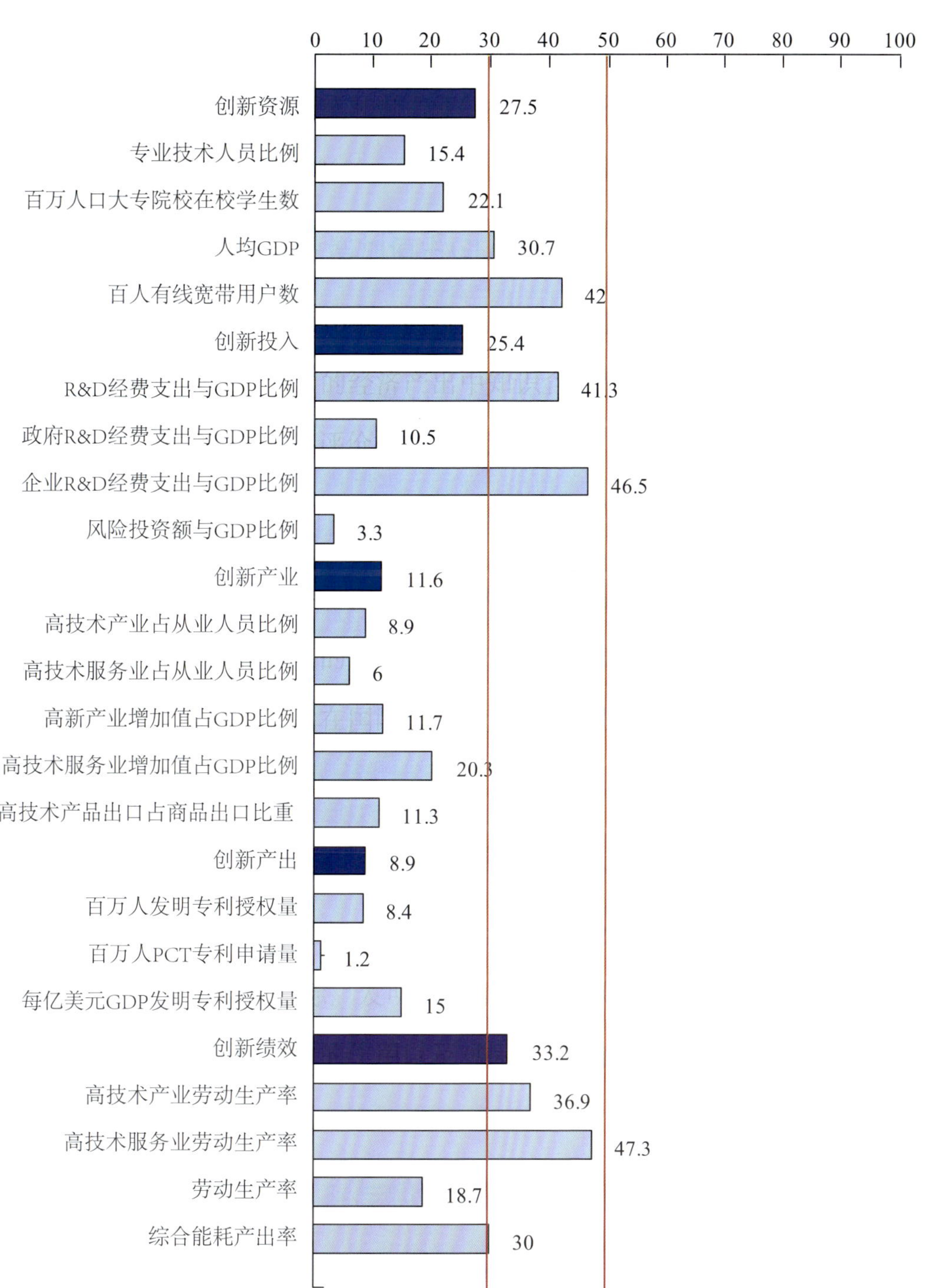

图13　2012年青岛科技创新各项指标与标准的差距

（二）青岛科技创新展望

根据我们测算的城市科技创新国际指数，我们将所选的14个对标城市分为3个方阵，2012年综合指数大于50的城市为第一方阵，指数在50～40之间的城市为第二方阵，指数小于40的城市为第三方阵。2012年只有圣何塞综合指数均高于50，为第一方阵；圣迭戈、大田、赫尔辛基、慕尼黑、新加坡综合指数都在50和40之间，为第二方阵；大阪、不来梅、奥斯汀、蔚山、爱知、滋贺、静冈、新竹、青岛综合指数低于40，为第三方阵。从图14可以看出，我们对14个对标城市所划分的三个方阵，基本代表了世界城市或地区创新竞争力的强弱梯度。因此，青岛城市创新评价综合指数及各分项指标与14个对标城市的比较基本反映了目前青岛城市创新发展水平及在全球城市中的位置。14个对标城市可以作为青岛建设创新型城市和国际化城市不同阶段学习和追赶的坐标。

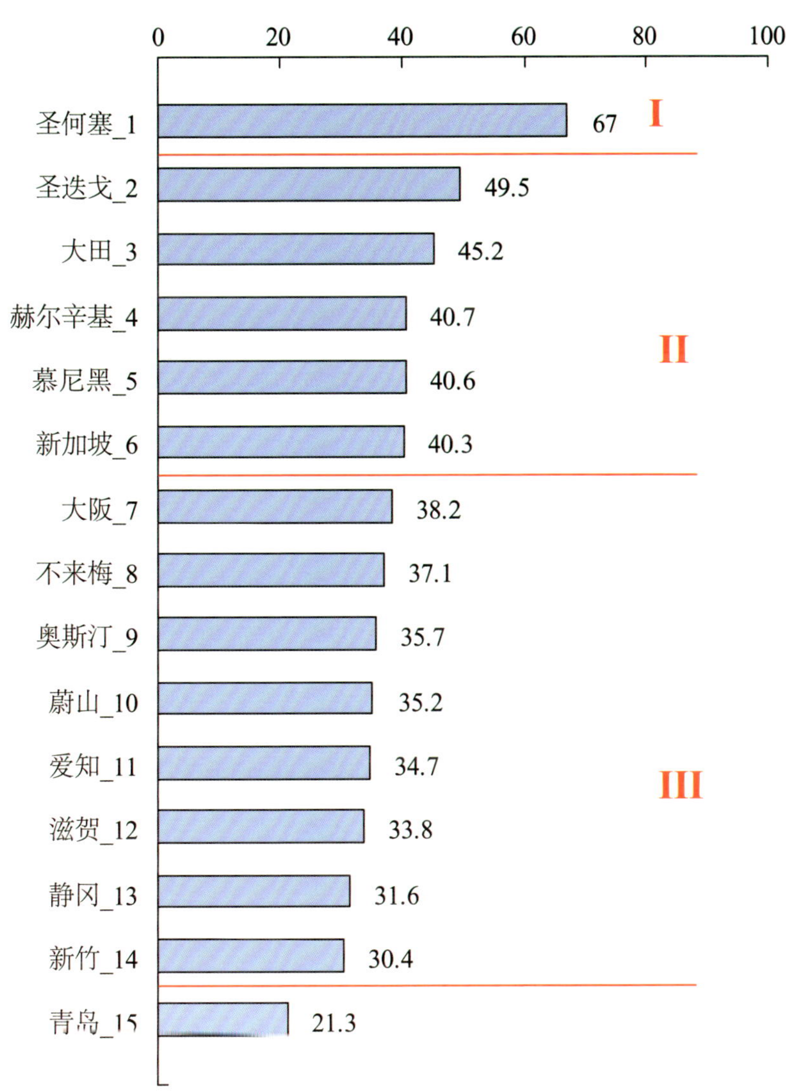

图14　2012年对标城市科技创新国际指数及排名

从图15、图16可以看出，青岛的指数年均增长率由2011年的倒数第4位成为2012的第4位，增速排名大大提高，与对标城市的差距在缩小。因此，如果我们不断加快科技创新发展步伐，以高于对标城市的增长速度，赶超对标城市创新水平，就有可能用5至20年的时间实现超越第三方阵、进入第二方阵、比肩第一方阵的发展目标。

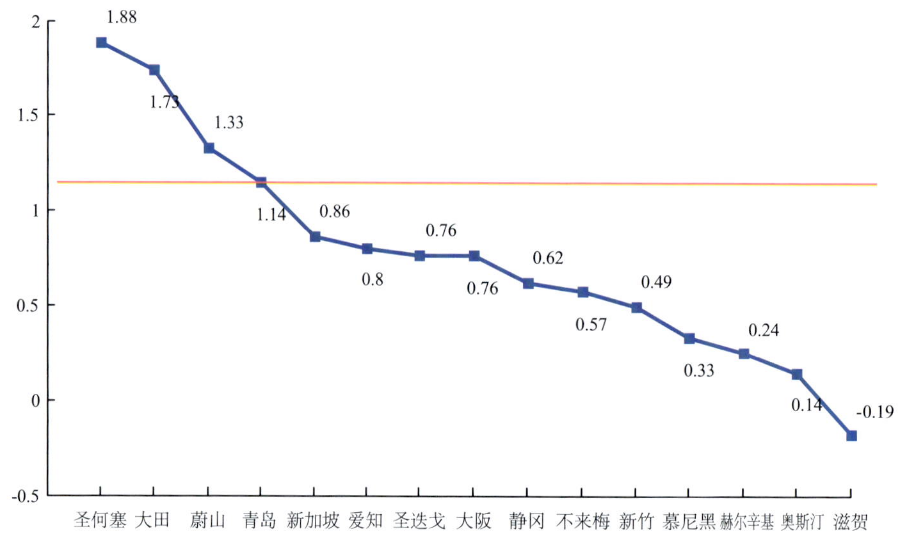

图15 2007～2012年对标城市科技创新国际指数年均增长率排名

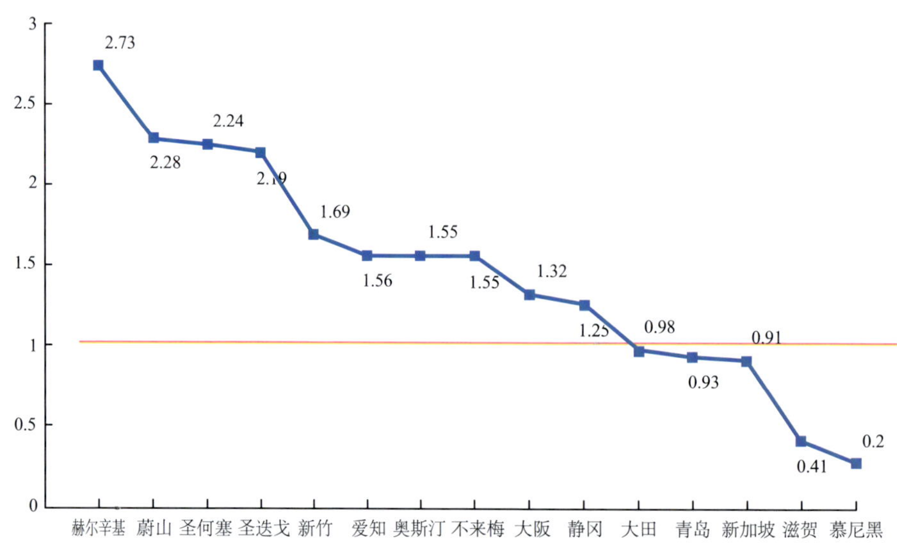

图16 2007～2011年对标城市科技创新国际指数年均增长率排名

经过改革开放30年的快速发展，青岛科技、经济和社会等方面都取得了巨大的进步，为我们在较短的时期内赶上世界发达城市的创新水平奠定了良好的基础。“十二五”期间，青岛市委、市政府提出了以科学发展为主题，以加快转变经济发展方式为主线，以经济结构战略性调整为主攻方向，以科技进步和创新为重要支撑，按照世界眼光、国际标准，发挥本土优势，向富强文明和谐的现代化国际城市迈进的战略目标。同时，青岛还面临着山东半岛蓝色经济区和蓝色硅谷建设这一重大历史机遇。因此，我们认为，未来20年内，青岛将处于产业结构加速升级、自主创新能力大幅提升的关键时期，青岛的科技创新能力将成为促进青岛经济发展方式加速转变的根本动力，提高城市创新能力是实现创新驱动经济发展、建设创新型城市的必由之路。

为此，政府和企业要坚持科学发展观，进一步解放思想、更新观念，以世界眼光、国际标准，发挥本土优势，发挥创新驱动发展的重要作用，提高企业的创新主体地位，不断加大创新投入力度，加强创新人才引进和培养，加强创新体系和创新平台建设，不断提高知识产权成果产出与转化水平。发挥好国际科技创新平台作用，促进青岛与更多国家在科技创新领域的合作。发挥青岛的海洋科技优势，加快“蓝色硅谷”建设，努力实现引领产业、惠及民生的宗旨目标，推动全市经济社会又好又快发展。

附录一　指标解释

（一）专业技术人员占就业人员比重

专业技术人员是创新活动的主要人力资源。我国的专业技术人员是指从事专业技术工作的人员以及从事专业技术管理工作且已在1983年以前评定了专业技术职称或在1984年以后聘任了专业技术职务的人员。我国的专业技术人员与国外（国际劳工组织《国际标准职业分类》（ISCO-88））的统计口径有一定的差别。根据对标城市的这一指标的表现，城市的专业技术人员占就业人员比重的最高标准设为45%。

（二）百万人口大专院校在校学生数

创新与教育是密不可分的。教育不仅能够提高人口素质，而且能够为城市提供源源不断的科技活动人力资源。同时，大专院校还是知识创新和技术创新的重要发源地，一定规模的大专院校在校生也是参与城市创新活动的一支不可或缺的重要力量。参照欧洲创新记分牌中相关指标的标准，将百万人口大专院校在校学生数评价标准设为15万人/百万人。

（三）人均GDP

经济社会的快速、持续、稳定发展离不开创新活动，创新活动的开展也离不开一定经济社会发展水平的依托。创新资源不仅需要人力的支持，也需要财力、物力的支持。人均GDP是衡量一个国家或城市经济发展水平最具有代表性的指标。根据对标城市这一指标的表现，评价标准确定为6万美元。

（四）百人国际互联网络用户数

信息化建设，特别是国际互联网络的发展既是科技发展直接的成果和体现，又是创新活动得以顺利开展的条件，两者具有相互依存、相互促进的关系。根据对标城市的这一指标的表现，监测标准设定为50户/百人。

（五）R&D经费支出与GDP比例

R&D经费支出与GDP比例是国际上通用的衡量国家或地区科技投入水平最为重要、最为综合的指标。对标城市的R&D经费支出与GDP比例平均值基本在3.5%左右，个别城市已达到6%，根据各对标城市该项指标的表现，将这一指标的评价标准确定为6%。

（六）企业R&D经费支出与GDP比例

企业R&D经费支出反映了企业对创新活动的支持力度。国际公认的具有较强市场竞争力的企业其R&D经费支出占销售收入的比重应在10%以上。根据对标城市这一指标的表现，将评价标准确定为4%。

（七）政府R&D经费支出与GDP比例

政府R&D经费支出与GDP的比例反映了政府对创新活动的支持力度。根据对标城市这一指标的表现，将评价标准确定为2%。

（八）风险投资额与GDP比例

创新能力的提高，需要社会各类资源的有效整合，尤其是风险投资的支持。同时风险投资也只能在科技创新氛围较强的环境中才能得以生存和发展，才能靠创新带来的增值，获取高额回报。根据对标城市这一指标的表现，将评价标准确定为3%。

（九）高技术产业从业人员占从业人员比例

高技术产业就业人员占从业人员比例反映了创新对产业结构的优化程度。根据OECD定义，高技术产业包括医药制造业、航空航天器制造业、电子及通信设备制造业、电子计算机及办公设备制造业、医疗设备及仪器仪表制造业5类。参考了发达国家以及对标城市水平，评价标准确定为15%。

（十）高技术服务业从业人员占从业人员比例

高技术服务业主要包括软件和计算机相关服务、电信、研究、开发和测试服务，它主要是基于本轮技术革命——电子信息技术发展产生的领域，是支撑相当广泛的现代生产和生活领域新技术的服务。高技术服务业从业人员占全社会从业人员比重的评价标准根据发达国家以及对标城市水平确定为10%。

（十一）高技术产业增加值占GDP比例

高技术产业统计参考第9条“高技术产业从业人员占从业人员比例”。高技术产业增加值占GDP的比重反映了一个国家和城市的经济结构变化和经济产出中的最新科学技术的应用情况。高技术产业的发展需要大量应用新兴技术，加速科技知识的扩散和推广应用。高技术传播扩散应用可以极大地提高劳动生产率、加速经济和社会发展，从而增强国家的综合国力。高技术产业增加值占GDP的比重在很大程度上反映科技创新对经济结构调整和制造业结构升级的作用。根据对标城市这一指标的表现，将评价标准确定为30%。

（十二）高技术服务业增加值占GDP比例

高技术服务业统计参考第10条“高技术服务业从业人员占从业人员比例”。该指标是测度一国或者某个城市的经济产出中知识含量和产业结构升级的指标。根据对标城市的这一指标表现，将评价标准确定为15%。

（十三）高技术产品出口占商品（或工业制成品）出口比重

国际上通常采用OECD高技术产品定义对知识含量高的产品进出口进行统计。该指标可用来测度知识含量高的产品的国际竞争力。高技术产品出口占商品出口的比重越高，意味着高技术产品在国际市场的竞争力越强。根据对标城市的这一指标表现，将评价标准确定为80%。

（十四）百万人发明专利授权量（件/百万人）

专利的数量是反映一个国家或城市科技活动产出水平的重要指标，发明专利的数量又是其中极为重要的指标。发明专利授权量反映每一年度发明专利产生的数量。考虑到城市在专利产出中的作用以及对标城市现有水平，将百万人发明专利授权量确定为1500件/百万人。

（十五）百万人PCT国际专利申请量（件/百万人）

PCT是《专利合作条约》（Patent Cooperation Treaty）的英文缩写，是有关专利的国际条约。根据PCT的规定，专利申请人可以通过PCT途径递交国际专利申请，同时向多个国家申请专利。PCT国际专利的技术含量和技术水平一般比其他专利要高，可以反映创新产出的质量。PCT国际专利申请量数据来源于OECD专利年度数据统计。参考对标城市现有水平，将评价标准确定为1000件/百万人。

（十六）每亿美元GDP发明专利授权量

每亿美元GDP发明专利授权量即一个城市的发明专利授权数量除以GDP。该指标反映了相对于经济产出的技术产出量。3种专利（发明专利、实用新型专利和外观设计专利）中发明专利技术含量和价值最高，发明专利申请数可以反映创新活动的活跃程度和自主创新能力。参考对标城市现有水平，评价标准定为5件/亿美元。

（十七）高技术产业劳动生产率

区别于劳动和资本对经济社会外延发展的作用，创新的作用体现为对集约型经济发展方式的促进。而集约型经济增长方式具体体现为人、财、物的节约和使用效率的提高。劳动生产率是从劳动节约的角度反映经济发展方式转变的指标，为生产总值与就业人员数之比。考虑到对标城市现有水平，将评价标准确定为20万美元/人。

（十八）高技术服务业劳动生产率

高技术服务业劳动生产率为高技术服务业增加值与高技术服务业就业人员之比，反映了高技术服务业劳动投入与产出之间的关系。考虑到对标城市现有水平，将评价标准确定为30万美元/人。

（十九）劳动生产率

劳动生产率是从劳动节约的角度反映经济发展方式转变的指标，为生产总值与就业人员数之比。考虑到对标城市现有水平，将评价标准确定为15万美元/人。

（二十）综合能耗产出率

我国是一个能源相对短缺的国家，因此，在现代化进程中提高能源使用效率具有十分重要的意义，而这只能通过科技创新得到解决。根据对标城市这一指标的表现，将评价标准确定为10美元/千克标准油。

附录二　计算方法

青岛科技创新国际评价指数的计算采用统计综合评价方法。该方法是统计学应用中一类非常实用的研究方法，能够减少一部分由于数据质量带来的误差。其原理是：对被评价的对象给出一个基准值，并以此标准去衡量所有被评价的对象，从而发现彼此之间的差距，给出排序结果。

（一）二级指标数据处理

将15个城市20个二级指标原始值除以相应的评价标准，得到二级指标的评价值，即为二级指数，计算方法为：

$$X_{ij}=\frac{x_{ij}}{Z_j}\times 100\%$$

式中x_{ij}为指标原始值，i=1~15，为城市序号；j=1~20，为指标序号；Z_j为指标标准值，j=1~20，为指标序号；X_{ij}为二级指数，当$X_{ij}\geqslant 100$时，取100为其上限值。

（二）一级指标计算

采用二级指标指数加权综合计算出一级指标指数。

$$y_{ik}=\sum_{j=1}^{n_k}\beta_j X_{ij}$$

式中Y_{ik}为一级指数，i=1~15，为城市序号，k=1~5，为一级指标序号；β_j为各二级指标相应的权重；j=1~20，为指标序号；n_k为第k个一级指标下二级指标的个数；X_{ij}为二级指数。

（三）创新综合指数计算

采用等权重计算出创新综合指数，并据此给出15个城市的排序。

$$Y_i = \sum_{k=1}^{5} w_k y_i$$

式中W_k为一级指标权重；k=1~5，y_{ik}为一级指标，i=1~15，为城市序号，k=1~5，为一级指标序号；y_i为创新综合指数，i为城市序号，i=1~15。

附录三 数据来源

1. 美国统计局（http：//www.census.gov/）
2. 美国劳工统计局（http：//www.stats.bls.gov/）
3. 美国专利统计（http：//www.uspto.gov/）
4. 美国城市市长网（http：//www.usmayors.org/）
5. 美国经济统计网（http：//www.bea.doc.gov/）
6. 美国教育部（http：//www.ed.gov/）
7. 美国科学基金委（http：//www.nsf.gov/）
8. 欧洲统计（http：//europa.eu.it/comm/eurostat）
9. 欧洲专利统计（http：//www.european-patent -office.org/）
10. 德国统计局（http：//www.destatis.de/jetspeed/ portal/cms/）
11. 芬兰国家统计局（http：//pxweb2.stat.fi/dat）
12. 中国国家统计局（http：//www.stats.gov.cn/）
13. 日本统计局（http：//www.stat.go.jp）
14. 韩国统计局（http：//www.nso.go.kr）
15. 新加坡统计局（http：//www.singstat.gov.sg/）
16. 中国台湾统计局（http：//www.stat.gov.tw/）

17. 经济合作与发展组织（http：//www.oecd.org/）

18. 世界银行（http：//www.worldbank.org/data/）

19. 中国创新指数报告2010，中国科学技术发展战略研究院

20. 2010中国创新城市评价报告，北京科学研究中心、北京科技统计信息中心等

附录四　借鉴美国硅谷创新经验，建设青岛蓝色硅谷

（一）硅谷概况

硅谷（Silicon Valley）位于加利福尼亚州北部，旧金山湾区南部，面积约3880平方千米，由40个小城镇组成，人口300万（2011年）。截止到2011年6月，这条不足50千米长的狭长地带，已聚集了近10000家高科技公司，其中全球前100大高科技公司有30%的总部位于硅谷，财富500强中51家总部在硅谷，硅谷上市科技公司的总市值高达1万亿美元，硅谷GDP总量达6000亿美元，经济总量在全球排名第19位，相当于印度尼西亚或瑞士的国民生产总值。

表1　2012年4月21日上午，硅谷6大公司市值

序号	公司名称	市值（亿美元）
1	苹果	5342
2	惠普	484
3	思科	1072
4	甲骨文	1436
5	英特尔	1380
6	谷歌	1939

硅谷的就业人数133.5万（就业人数平均年收入86540美元），70%成年人口具有大专以上文凭。硅谷的专利数量多，专利最多的美国前15个城市中有7个在硅谷，硅谷人口数占全美国的1%，但是专利数占全美国专利的13%、加州专利的50%。2011年获得风险投资78亿美元，占全美总额近30%。

表2　2011年硅谷150家公司员工人数和销售额

公司类别	公司数量（个）	员工人数（万）	销售额（万美元）
生物医药	14	1.74	80.1
计算机类	7	37.6	54.7
电子承包	2	5.1	30.3
仪器类	11	3.8	34.6
互联网	8	6.2	79.4
网络通信	23	11.6	48.5
非技术类	12	5.8	31.8
半导体设备	8	2.6	67.4
半导体	40	17	46.3
软件	21	18.6	33.5
存储技术	4	1.4	74.6

（二）硅谷的全球链接能力

2010年的《硅谷指数》指出硅谷成为创新栖息地的4个因素：全球链接能力、吸引人才的能力、持续的技术进步和创新、州政府和联邦政府的作用。全球链接能力是硅谷经济获得长足发展的核心原因所在，主要包括硅谷与世界各创新尖峰地区的技术链接、资本链接和人才链接，为硅谷带来互补的优势技术及良好的创新效率；雄厚的创新活动资本及广大的资本增值市场；具备研发、管理或创业的人才或团队等。

人才——硅谷地区依赖全球人才流动。从历史的角度看，硅谷获得成功的一个重要因素是来自于该地区的移民企业家，这些企业家为硅谷的发展作出了卓越贡献。他们中的很多人以学生身份从世界各地来到这里，建立他们的网络并维护与自己母国的密切联系，这些人奠定了硅谷强大的全球链接基础。硅谷60%的理工科背景从业人员是美国以外出生的。

技术——国际合作专利持续上升。硅谷对于国际合作专利的定义是合作发明者中同时包括来自硅谷以及美国以外的发明者。《硅谷指数2010》数据显示，在2007年和2008年间，合作发明者的专利注册数量增加了13%，并且在所有本地投资的专利中比例有所上升，这说明在此地人才与彼地人才之间和在世界其他创新源泉中，技术与知识流动正在增加。

资本——硅谷和国外间的投资流动正在增长。硅谷正越来越多地投资于国际风险资本市场，这使得硅谷在全球各地区间建立了强大的人际关系，促进了技术和商业模式的交流。自2000年以来，中国已经成为硅谷风险资本投资的首选国外市场。2006 ~ 2008年，中国公司获得了来自硅谷投资者超过22亿美元的风险资本。

（三）硅谷创新的经验及做法

美国硅谷是世界上第一个高新技术产业区，也是当今世界上最具创新能力和活力的高科技园区。硅谷的十大特征概括为：有利于企业创业、创新和发展的政策和体制；高密集的高素质人才；世界一流大学及其与产业的互动产学研；高水平的创意、创新活动；浓厚的创业氛围、鼓励冒险容忍失败的文化；雄厚的创业资金来源和成熟的金融体系；专业化中介服务体系；专业化的技术市场服务体系；高质量的生活和人居条件；便于全球化的区位优势。硅谷的成功归纳起来主要有以下几个方面：

1.政府的政策和体制有利于企业创业、创新和发展

美国政府通过营造创业和创新的制度建设和文化氛围，调动创业者的积极性，保护他们的合法权利。先后出台了公司法、金融法规、审计、税法、知识产权保护、破产、反垄断、行业标准制定、移民政策、科技政策、地方政策等。政府采购对硅谷高新技术产业发展尤其是新兴产业发展起到极大的促进作用。据统计，1955年至1963年期间，硅谷半导体产业35%到40%的营业额来自于政府采购。政府对研发的投入也不少，政府对斯坦福大学研究项目提供大量的直接赞助，2000年斯坦福大学16亿美元的年收入中有40%来源于受政府委托的研究项目。此外，联邦政府还积极支持中小企业的研发创新，例如通过《中小企业技术创新法案》，利用国防、卫生、能源等部门的研发基金支持中小企业相关技术创新；实行“研发抵税”的政策等。

2.大学、科研机构与企业之间的密切联系促进了高技术产业的发展

硅谷非常注重产学研的结合，大学紧密结合产业发展和企业需求进行技术创新和人才培养。硅谷除了拥有斯坦福大学、加州大学伯克利分校等著名研究型大学外，还有多所专科学校和技工学校，以及100多所私立专业学校。学校与企业间的合作，不仅有助于科研成果的迅速转化，斯坦福大学的科技成果转化率极高，达到80%以上，而且也有利于为企业培训技术和管理人才。更为重要的是，许多大学和

科研机构人员直接投资兴办企业。据估计，硅谷中由斯坦福的教师和学生创办的公司达1200多家，占硅谷企业的60%~70%。硅谷一半的销售收入来自斯坦福大学的衍生公司。此外，斯坦福大学还通过制订产业联盟计划，来促进研究人员、院系之间以及大学与外部企业的合作，进一步发挥大学在地区发展中的作用。

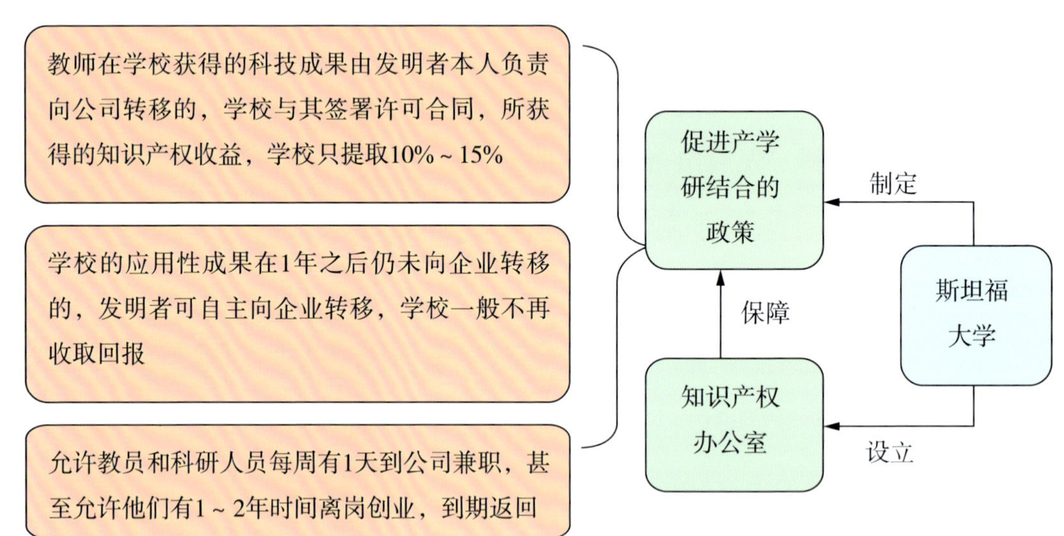

图1　斯坦福大学产学研结合的创新体系

3. 大量风险资本的积极介入和良好的融资环境为硅谷高新企业的发展创造条件

硅谷有着世界上最完备的风险投资机制，有上千家风险投资公司和2000多家中介服务机构。硅谷地区吸引了全美约35%的风险资本，美国大约50%的风险投资基金都设在硅谷。著名的英特尔公司、罗姆公司、苹果公司等都是靠风险投资发展起来的。据相关资料统计，1977年硅谷的风险资本投资额为5.24亿美元，1983年就猛增到36.56亿美元，2000年达到峰值345亿美元。之后，风险资本投资有所下降，到2004年又开始增长。2007年硅谷的风险投资额达到294美元。2011年，硅谷的风险投资成长了17%，当地总投资额约78亿美元，占全美风险投资约27%；占加州的

52%。依产业来看，软件业吸引了极大比重的投资，但创投业者也青睐其他领域，包括能源、生物科技和医疗设备等。风险投资创造了大量就业机会，风险资本促进企业的R&D，增强了竞争力，风险企业为GDP增长作出了贡献。

4. 完善的中介服务体系促进了硅谷各种创新要素的整合和技术创新能力的提升

硅谷的中介服务主要包括人力资源机构、技术转让机构、会计、税务机构、法律服务机构、咨询服务机构、猎头公司以及物业管理公司、保安公司等其他服务机构。如硅谷的技术转让服务机构由大学的技术转让办公室和技术咨询、评估、交易机构组成，主要工作是将大学的研究成果转移给合适的企业，同时把社会和产业界的需求信息反馈到学校，推动学校研究与企业的合作。此外，硅谷的行业协会也发挥了重要作用。如硅谷生产协会积极与州政府配合，为地区发展解决环境、土地使用和运输问题；半导体设备和原材料协会为半导体芯片技术标准的统一作出了重要贡献。

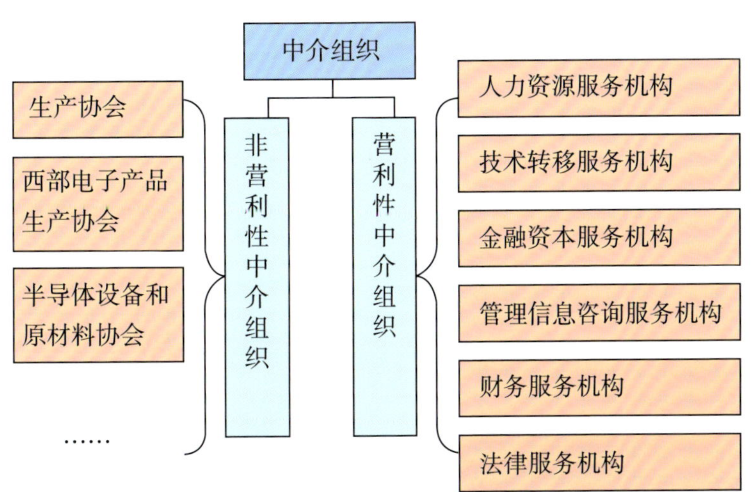

图2　硅谷的中介组织

5. 人才的引进和激励机制是硅谷高科技产业发展的重要保障

硅谷是海外科技人才集聚创业最集中的地区。为了吸引高端人才，美国政府采取了一系列措施，包括：①招收留学生培养后备人才。据美国国际教育协会公布的数字，每年全世界150万留学生中有48.1%在美国学习。②通过研究机构招聘人才。美国共有720多个联邦研究开发实验室招聘或引进国外著名科学家。③企业利用平台大量引进人才。④联合攻关或企业外迁借用人才。⑤实施H–1B短期签证计划，放宽对移民的限制吸引留住人才，特别是大力放宽对高技术人才及其家属移民的限制。⑥为有突出贡献和成就的科技精英提供优厚的物质和生活待遇，创造良好的研究开发、创新的条件和环境，吸引大量国外优秀人才。此外，硅谷还有技术配股、职务发明收益分享等灵活多样的人才激励机制。

6.独特的硅谷文化对高科技产业的发展产生巨大影响

硅谷作为高科技产业的集聚中心，具有勇于创业、宽容失败、崇尚竞争、讲究合作、容忍跳槽、鼓励裂变（spin off）的独特文化。勇于创业、宽容失败激发了员工大胆尝试、勇于探索的创新热情；崇尚竞争使人们既着力于自身能力和水平的不断提高，又注重在竞争中向对手学习；讲究合作使硅谷形成一种拿与给的双向知识交流氛围；容忍跳槽、鼓励裂变则有益于技术扩散和培养经验丰富的企业家。

（四）青岛如何借鉴硅谷经验

硅谷不可以复制，但可以借鉴。青岛环境优美，气候宜人，拥有可与美国硅谷相媲美的自然环境和生活环境。2011年5月，青岛市正式启动《青岛蓝色硅谷发展规划》，打造“一区一带一园”的“蓝色硅谷”布局。2012年6月4日，省委常委、市委书记李群在调研蓝色硅谷核心区规划建设等情况时指出，建设好蓝色硅谷，对于进一步提升青岛的城市核心竞争力，提高山东半岛蓝色经济区建设水平，增强我国海洋科技创新能力，都具有十分重要的意义。青岛借鉴硅谷经验，可尝试从以下几个方面着手：

1.打造以人为本的良好工作、生活环境，实现经济发展与环境的良性互动

从一定意义上说，科技产业就是人才产业，科技经济就是人才经济，人才最看重的是环境。科技产业需要的是高度完善的以人为本的能提供各种良好服务的人居环境。青岛必须加强城市建设与管理的各项基础性工作，完善城市基础设施建设，建设与科技产业相适应的交通体系，加强社会治安综合治理，为科技企业员工提供安全、稳定、卫生、和谐的最佳人居环境。

2.建立自由、宽松、最优的服务体系，打造良好的软环境

科技产业实质上是服务经济，作为一种新的经济形态，科技产业对服务的要求很高。科技产业真正需要的是以金融、保险、会计、法律、信息咨询、市场调查、会展、研发与技术服务、教育培训、广告、公关等为主的高度发达的现代服务业的综合配套，特别是风险投资。同时，还要加强信息化建设，推进电子政务、电子商务，提高政府的公共服务效率。可以将政府、市场结合起来，官、产、学、研、金相结合。在政策、规划、教育、交通、信息资源流通、食品药品安全、社会保障等方面，注重细节，打造有利于科技产业发展的自由宽松、以人为本的最优环境。

3.建立全球链接，打造国际一流的海洋科技研发中心、成果孵化中心、人才集聚中心和海洋新兴产业培育中心

青岛要建设“蓝色硅谷”，发展海洋新兴产业，就要做全球链接，放眼国际，链接全球海洋技术、人才、资本。青岛的海洋新兴产业全球链接主要应抓好以下几

个重要的点。一是链接的核心——吸引跨区域创业，包括留学生创业者或团队、移民创业家、创新高地企业来青岛设分公司等；二是链接的关键要素，包括吸引创新高地技术来青岛转化、引进若干名科学家，尤其是华人科学家来青岛成立世界级的海洋研究所，引进一批海洋产业国际知名实验室等；三是打造链接的主要平台，如构建全球最著名且规模最大的海洋产业孵化器、举办全球海洋经济研讨大会或论坛、举办国际海洋产业博览会、举办全球海洋经济交易会等。

4.加快风险投资发展，加快科技金融创新步伐

风险投资是高科技企业发展的“助推器”，它对硅谷的高技术企业和产业的高速发展发挥了引擎和促进作用。2012年，青岛市提出要建设千万平方米孵化器，围绕此项任务，要在科技金融上进一步加大创新步伐。一是要设立天使投资引导资金，引导孵化器管理机构、社会投融资机构等多方组建天使投资，专项支持孵化器内初创期科技型中小企业；二是要搭建科技融资担保平台，为孵化器科技基础条件设施建设和在孵企业发展提供融资担保服务。

附录五　国际对标城市科技创新典型经验

世界发达国家的许多城市经过长期的探索，逐步积累了许多符合本地实际情况、各具特色的推动科技创新的做法与经验，值得学习借鉴。

（一）高强度的科技经费投入

R&D经费投入是国际通行的最具实质意义的重要指标，反映一个地区的研发投入强度，也标志着一个城市的创新发展水平。

美国圣何塞是硅谷的所在地，是高科技企业最多、各类经济服务组织最全、经济发展总量最大、经济发展势头最强的城市。硅谷的发展，得益于美国政府高强度的科技投入。2007年，美国政府R&D投入占GDP的1.17%。据统计，1993～2004年之间，硅谷获得了136亿多美元的联邦研发经费，有效地推动了高技术产业的发展。同时，硅谷企业也持续投入巨资进行研发。2003年，硅谷约有328个上市公司投资于研发，总研发投入超过了324亿美元，占总销售收入的12%，是联邦政府研发投入的10倍；2007年，硅谷企业R&D投入与GDP比例达3.56%。其中，微软公司2007财年研发投入高达75亿美元，占年收入的12.95%（2007财年收入为579亿美元）；惠普公司每年研发投入也达35亿美元，约占公司年收益的4%；苹果公司研发投入7.82亿美元，虽然只占销售额的3%，但苹果的研发效率举世公认。

（二）快速增长的高科技产业

当今世界国家或城市综合实力的竞争，归根结底是科技实力和高科技产业发展的竞争，高新技术产业产值占GDP的比重大小，成为衡量经济发展水平和发展潜力的重要指标。

被誉为“韩国硅谷”的大田市运用高新技术改造升级传统产业，重点培育汽车、化工、机械、能源、造纸、环保、农副产品加工、物流等8大支柱产业和新兴产业，有力地促进了产业结构调整，特别是在远程定位系统、智能机器人识别系统、远程无线通信技术等方面走在了世界前列。2008年，大田市高新技术产业产值1216.93亿美元，是2000年的9倍，高新技术产业产值和增幅一直保持韩国前三位。

日本滋贺充分利用自身优势和资源，致力于发展电子工业、生物工程等尖端技术产业，开发环境、健康福利、观光、生物、IT、电子机械等重点领域的技术和产业，2007年，高技术产业增加值占GDP的10.7%，知识密集型服务业占GDP的27%。在产业结构发展导向和科技理念的影响下，该地区每1000个就业者中，从事IT和计算机制造工作的人数为43人，从事仪器和电子机械工作的人数为36人，在亚太地区的城市中都排名第一，显示出典型的知识密集产业特征。

（三）发达的风险投资市场

被称为“经济增长的发动机”的风险投资在现代经济发展中起了举足轻重的作用。在美国硅谷的发展历程中，风险投资是不可或缺的重要环节，它激励了硅谷高新技术产业的发展。在美国风险投资总额中，硅谷占43%，每年有近1000家风险投资支持的高科技企业在硅谷创业。

在硅谷风险投资形成与发展过程中，美国政府起到间接扶植和引导的作用。主要做法：一是出台一系列鼓励对科技型小企业进行长期风险投资的优惠政策。1978年通过的税收法案使资本利得税率从49.5%降至28%，1981年继续降低至20%。二是优化风险投资的投资结构来源，允许养老基金管理者投资于风险投资。三是改革风险投资公司组织形式。四是推行小企业投资（SBIC）发展计划，提高政府对风险投资的参与行为。1987～1993年，联邦政府部门共为该计划提供了大约25亿美元的资助。政府补助的另一种方式是对高技术风险企业提供亏损补贴。五是设立纳斯达克股票市场，为硅谷创业公司上市创造上市融资条件，为硅谷的风险投资提供退出渠道。六是科技工业园区形成风险投资集中发展的竞争优势。七是加强立法与管理。成立了国家风险投资协会，制定有关法规，加强行业管理、规范风险投资行为，提供交流投资信息、人员培训、组织联合投资、改善投资环境、拓宽资金来源和投资渠道等服务。

（四）丰富的科技人力资源

人力资源是创新活动的基础，充足的科技人力资源是保障高技术产业发展的优先条件。奥斯汀之所以能够发展成为创新型城市，是因为该市在科技人员储备方面具有智力资源优势。奥斯汀拥有美国著名学府——德克萨斯大学，该校的计算机科学和工程学在全美高校中居领先地位。该大学每年为社会培养近万名毕业生，这些受过高等教育的年轻人进入岗位后，为公司、企业的发展提供了新鲜血液和活力，是接受过专门训练的科学家和工程师的稳定来源。

新加坡实行“人才立国，人才治国”的国家战略（又称“精英治国”），制定了科学合理又比较宽松的人才准入政策，引进人才手段多样、实用、高效：一是通过提供奖学金的形式与“未来”人才建立工作契约关系；二是让学生提前“介入”单位；三是十分注意搜集人才信息，并与其保持联系，以优厚待遇和条件吸引和留住外来人才。近几年，新加坡政府每年都批准近万名外国人成为新加坡永久居民，并允许部分外籍专业人才成为新加坡公民，吸引外国留学生到新加坡留学。

（五）高水平的专利产出

高水平的专利产出不仅说明了一个地区的创新能力，也是当地经济由粗放型经济转向知识经济的有力佐证。

日本大阪2007年的百万人发明专利授权量高达1114件，每亿美元GDP发明专利授权数为3.21件，在14个对标城市中排名第一。总部位于大阪的大金工业株式会社在2005年度内，外国发明、实用新型专利申请率为34%，且外国申请的95%以上专利利用了PCT（专利合作协定）。2007年度，PCT公开数量位居日本第8位，世界第43位。大金工业加强知识产权活动的具体措施如下：一是紧密联系产品与生产过程创新的专利研究活动；二是与专利奖励制度挂钩，给予强有力的刺激以加速有效专利的创造。专利申请奖为1万日元/件，授权时再奖励，运用于产品时，按照销售收入状况的百分比反馈给研发部门，由研发部门奖励发明人。

（六）高水平的科技企业孵化器

科技园区等科技企业孵化器是高新技术产业培育和发展的有效载体，作为发展高新技术的基地，它有力地推动了科技创新、科技成果的转化和高新技术产业的发展。

芬兰的科技园以吸纳科技小企业和研究单位为主，核心是企业孵化器，是产学研结合并迅速将科研成果转换成生产力的基地和交汇点。被誉为“芬兰硅谷”的大赫尔辛基地区因诺波利（Innopoli）科技园，在促进信息通讯技术（ICT）的产学研结合、将科研成果迅速转化为生产力方面成果显著，共孵化了200多家高新技术企业。Innopoli科技园的经验主要有以下几点：一是坚持以创新为灵魂的发展方向。政府牵头，与大学、科研界和企业界三方合作兴办科技园，把高新技术产业开发区和创业中心办成自主创新的基地。二是“产、学、研 ”结合的经验。技术研究部门重点研究高新技术的开发应用；高等院校通过教学手段传播高新技术；企业则应用高新技术不断推出产品。三是为推动科技产业化，制定出完善的措施和保障机制。如科技园企业化；政府和私营风险投资公司共存；政府在科研经费资助等方面向科技型中小企业倾斜等。 四是良好的创业投资环境。主要是高素质的劳动力、先进的科学技术和科技转化能力，尤其是“产、学、研”三位一体的模式。

（七）不断深化的科技国际化战略

世界主要创新型城市均把科技国际化作为科技政策的重要组成部分，出台专门的科技国际化战略，培养和引进国际化的优秀人才，推动企业参与国际合作，积极牵头或参与国际大科学计划，促进国际科技合作。

芬兰首都赫尔辛基出台了《赫尔辛基大都会区大规模创新战略》，首次提出了“赫尔辛基大都会区创新战略”概念，其宗旨是：大力发展商业和创新活动，努力提供高端优质服务，将赫尔辛基大都会区建设成为具有强大科技实力、创新能力和适应能力，同时具有浓郁文艺底蕴、充满活力的世界中心，实现强国富民的宏伟目标，为芬兰创造巨大收益。该创新战略的第一条就是吸引和留住人才，提高高等院校的国际化水平和影响力，提高研究和专门知识的国际化水平，还提出逐渐解除对外国资本的限制，通过欧盟各种研究计划以及北欧合作等多种渠道，吸引外资，并帮助本地企业、研究机构和高等院校寻找国际合作机会和伙伴，支持赫尔辛基的企业积极加入芬兰政府和公司企业共同参股组成的芬兰贸促会。芬兰贸促会在世界34个国家和地区设立了51个出口中心，密切跟踪所在地区和国家的市场变化，寻找合作伙伴和新的市场。